FERDINAND LAUDAGE

50 CRAFT BIER Rezepte

KREATIVE BIERE
EINFACH
NACHGEBRAUT

ulmer

INHALTSVERZEICHNIS

Noch mehr Rezepte, noch spannendere Craftbiere

Nach „Craft-Bier einfach selber brauen“ und „Noch mehr Craft-Bier selber brauen“ hältst du, lieber Leser und Heimbrauer, nun also Band drei dieser Buchreihe in deinen Händen. Während das erste Buch lediglich das absolute Basiswissen rund um das schönste Hobby der Welt, das Heimbrauen, vermittelt und Buch zwei ergänzend dazu die wichtigsten Fragen von Fortgeschrittenen beantwortet, konnte die einzig logische Schlussfolgerung für Buch drei nur eine ausführliche Rezeptsammlung sein.

Wie der Name dieses Buches schon verrät: Fünfzig an der Zahl sind es letztlich geworden. Fünfzig vielfältige Rezepte, die an die jeweils zehn Brauideen aus den beiden Vorgängerbüchern anknüpfen sollen. Einige davon sind klassischer Art, andere wiederum richten sich eher an experimentierfreudige Hobbybrauer. Mir war es wichtig, möglichst viele Stilrichtungen abzudecken, auch Braurezepte mit weniger typischen Zutaten in die Sammlung aufzunehmen und wieder ein paar neue Kniffe und Tricks beim Brauvorgang vorzustellen. Und vielleicht kannst du dieses Buch auch als Inspirationsquelle für eigene Bierkreationen nutzen.

Wenn du die ersten Bücher dieser Reihe bereits gelesen hast, dann wirst du vielleicht wissen, dass ich erst seit 2013 selbst braue. Und ganz bestimmt wirst du dich jetzt fragen: Wie konnte der Kerl in so kurzer Zeit so viele Rezepte entwerfen, probebrauen und perfektionieren? Die Antwort lautet: gar nicht. Wie schon für „Noch mehr Craft-Bier selber brauen“ habe ich mir auch dieses Mal Verstärkung ins Boot geholt: 20 absolute Craftbierexperten, darunter erfahrene kommerzielle Brauer, ambitionierte Heimbrauer und bestens geschulte Biersommeliers. Es sind Freunde und Weggefährten, deren gute Arbeit und vor allem natürlich deren qualitativ hochwertige Biere ich sehr zu schätzen weiß.

Es wäre dir gegenüber ziemlich unfair und für mich auch durchaus peinlich gewesen, einige meiner halbfertigen und noch nicht vollends erprobten Rezepte auf diesen Seiten abzudrucken. Es soll ja auch schmecken, was da letztlich bei dir ins Glas kommt. Daher bin ich froh, dass ich so viel Zuspruch aus der Kreativbierszene und eine Menge erstklassiger Craftbierrezepte von echten Brauexperten für diese Veröffentlichung erhalten habe. Vielen Dank an alle Beteiligten für eure Mitarbeit an diesem Buch!

Warum ich kein Freund von Klonversuchen bin …

Wenn dir ein Bier aus dem Handel besonders gut schmeckt und du es immer wieder trinken möchtest, kommst du unweigerlich als Heimbrauer irgendwann auf den Gedanken, es auf deiner kleinen Anlage in der Küche einmal nachbrauen zu wollen.

Doch ich rate Lesern dieser Buchreihe und ehemaligen Brauschülern, die mich in der Vergangenheit nach Rezepten für dieses oder jenes kommerziell erfolgreiche Bier gefragt haben, meistens davon ab, einen Klonversuch zu wagen. Warum?

Vorrangig ist da die Erwartungshaltung beim Heimbrauer zu nennen. In den meisten Fällen begeistert ein Bier den Konsumenten, weil es fehlerlos ist und einen bestimmten Geschmack oder ein ausgefallenes Aroma mitbringt. Das exakt zu imitieren, ist schier unmöglich. Der Versuch kann zur Sisyphusarbeit werden. Denn in den mittelständischen oder noch größeren Brauereien, in denen das beliebte Bier normalerweise entsteht, sind die Voraussetzungen, ein fehlerfreies Bier zu brauen, eher gegeben als in der Küche des Hobbybrauers. Die Heimbrauanlage kann noch so teuer gewesen sein, am Ende ist sie nicht dafür ausgelegt, ein Produkt herzustellen, das für den Vertrieb geeignet ist.

Selbst wenn das Rezept exakt dem des Originals entspricht und vielleicht sogar die Hefe aus der Brauerei beziehbar ist, wird das finale Heimgebraute nicht genauso schmecken wie das Bier, das sonst im

Getränkemarktregal steht. Schon geringste Temperaturunterschiede bei der Gärung können beispielsweise für Fruchtester sorgen, die den Geschmack des Biers stark beeinflussen können. Eventuell kommt eine bestimmte Malzsorte, die für das Brauen vonnöten ist, aber auch aus einer anderen Mälzerei oder eine bestimmte Hopfensorte aus einer anderen Region und wurde in einem anderen Jahr geerntet. All diese Faktoren können einen großen geschmacklichen Einfluss auf das Endprodukt haben.

Ein gekauftes Bier klonen zu wollen, ist also reichlich ambitioniert. Dessen solltest du dir vorab unbedingt bewusst sein. Auch in diesem Buch findest du Rezepte von Bieren, die im Handel erhältlich sind. Allerdings sind diese Rezepte bereits zum Nachbrauen auf kleineren Anlagen optimiert. Häufig haben mir die Brauexperten ein Protokoll vom letzten Testsud zugeschickt, bevor es dann auf die große Anlage ging, auf der das Bier für den späteren Verkauf eingebraut wurde. Durch das Nachbrauen hast du die Möglichkeit, einen Vergleich anzustellen: Wie schmeckt das Bier, gebraut auf meiner Heimbrauanlage, im Vergleich zum Craftbier aus dem Handel? Welche Unterschiede gibt es?

Besonders spannend ist, dass natürlich auch die kommerziellen, handwerklich hergestellten Biere Qualitätsschwankungen unterliegen. Auch hier müssen zum Beispiel hin und wieder Hopfensorten ausgetauscht werden, wenn die Ernte der jeweiligen Sorte in einem Jahr nicht gut ausfiel. Es kann also durchaus passieren, dass deine Kopie völlig anders schmeckt. Aber vielleicht schmeckt sie dir ja sogar besser als das Original. Einen Brauversuch ist es allemal wert – mit der richtigen Erwartungshaltung.

Die Craftbierexperten

Wie schon für „Noch mehr Craft-Bier selber brauen“ haben auch dieses Mal **Christian Hans Müller** („Hanscraft & Co.“) und meine ehemaligen Brauschüler **Dennis Pfahl** und **Michael Kesseböhmer** von „Mücke“ aus Essen mit ihren Rezepten einen Teil zu diesem Buch beigetragen. Von Hans, einem der Pioniere der deutschen Kreativbierszene, kommt ein New England IPA mit Mango (Seite 93), auf vielen Bierfestivals bereits

Henrik Stöppler (Brauhaus Zils)

erfolgreich erprobt. Dennis und Michael, die „Mücke"-Jungs, liefern eine Rezeptidee für ein röstaromatisches Stout, das mit echtem Kaffee eingebraut wird (Seite 108).

Doch auch **Tobias Palmer** von „Ruhrpottbrew" aus Oberhausen und die **Kölner Bierhistoriker** sind wieder mit von der Partie. Tobias' Rezeptvorschlag ist ein dunkles Weizenbier (Seite 51), sehr komplex im Geschmack, eingebraut mit acht unterschiedlichen Malzsorten. Die Bierhistoriker steuern ein echtes Kölsches Wieß (Seite 45) mit einem kleinen modernen Cascade-Twist bei. Und noch ein Brauklub hat zu diesem Band einen Rezeptvorschlag beigesteuert: **Brautum e. V.** aus Dortmund, sozusagen mein Heimatverein. Nach dessen Vorlage dürfte es für dich zukünftig ein Kinderspiel sein, ein echtes Dortmunder Export (Seite 41) zu brauen. Wenn du auch aus dem Ruhrgebiet kommst, solltest du den Jungs und Mädels von Brautum auch mal einen Besuch abstatten. Mehrmals im Jahr brauen die Vereinsmitglieder auf ihrer 2-Hektoliter-Anlage spannende neue Biere. Neugierige sind jederzeit willkommen und zum Mitbrauen eingeladen.

Kolja Gigla (Mashsee)

Jonas Mömken, Marcel Siewa und Thomas Sottmann (Head of Sales; Brewer's Tribute).

Nördlich des Ruhrgebiets befindet sich das schöne und äußerst kreative Münsterland. Besonders die Stadt Münster darf sich über eine stark florierende (Hobby-)Brauerszene freuen. **Marcus „Vorty" Vortkamp** und **Ingo Meister** brauen in ihrem „Läuterwerk" unweit des Preußenstadions seit 2015 leckere Biere, die man im lokalen Handel oder direkt in der Brauerei erwerben kann. Von ihnen findest du gleich zwei Rezepte in diesem Buch: eins für ein Brown Ale mit Pekannüssen (Seite 104) und eins für ein Porter mit Kokosflocken (Seite 107) – beide erstklassig im Geschmack, zwei meiner absoluten Lieblingsbiere. Ebenso doppelt vertreten, und zwar durch ein süffiges Festbier- (Seite 46) und ein würziges Pumpkin-Ale-Rezept (Seite 78), ist **Daniel Thombansen** aus Lippstadt. Daniel betreibt dort mit seiner Frau Ilka eine kleine Hausbrauerei, in der er neben den üblichen Klassikern auch ausgefallene Craftbiere in einer Topqualität braut. Auch hier lohnt sich ein Besuch, möglichst ohne fahrbaren Unter-

Felix vom Endt (Orca Brau)

satz, damit du auch guten Gewissens alles probieren kannst.

Im Trierer Hotel „Blesius-Garten" ist **Sebastian Nguyen** für die lokale Bierherstellung zuständig. In der dort ansässigen Hausbrauerei „Kraft-Bräu" braut er tagtäglich hochwertige Biere ein und präsentiert seine Ergebnisse abends als ausgebildeter Biersommelier auch noch den Hotelgästen. Seb braut unter anderem ein erstklassiges Helles (Seite 40) und einen ebenso großartigen Maibock (Seite 47), weshalb ich sehr froh bin, beide Rezepte in diese Sammlung aufnehmen zu dürfen. Nur wenige Kilometer von Trier entfernt ist **Henrik Stöppler** als Brauer im Einsatz. Das „Brauhaus Zils" befindet sich in Naurath in der Eifel und ist ein beliebtes Ziel für amerikanische Touristen und Soldaten der nahegelegenen Air-Force-Base, die Henrik gerne mit seinen Neukreationen überrascht. Sein Rezept für ein echtes englisches Mild Ale findest du auf Seite 60, sein sehr empfehlenswertes Reis-Pils-Rezept auf Seite 99.

Mit außergewöhnlichen Zutaten kennt sich auch **Kolja Gigla** aus, der Brauereichef vom „Mashsee" aus Hannover. Für die Rezeptdatenbank hat er mir freundlicherweise sein „Fench-Ale"-Rezept zur Verfügung gestellt, ein helles Obergäriges mit Fenchelsaat eingebraut (Seite 84). Gewürze und Kräuter verbraut auch **Olaf Wirths** von

Joachim Amrhein und
Dominik Pietsch (Flügge).

Uwe Kalms (Uthoka)

Labieratorium in seinem „Old World Ale“, das in Zusammenarbeit mit den beiden Biersommelier-Weltmeistern **Stephan Hilbrandt** und **Oliver Wesseloh** entstand. Das Rezept zum Bier kannst du auf Seite 88 studieren.

Aus der Bierhauptstadt Berlin kommen gleich zwei Rezepte, beide aus der Kategorie „Easy-to-drink“. Von **Marcel Siewa**, **Mario Marinoff** und **Jonas Mömken**, die unter dem Namen „Brewer’s Tribute“ erst wenige Jahre im Brauzirkus dabei sind, aber bereits eine Brauerei ihr Eigen nennen können, stammt das Session-Pils-Rezept auf Seite 39. Die Superfreunde **Stefan Schröer** und **Marco Sgarra**, die ursprünglich nur ein eigenes Bier für ihre kleine Crêperie in Berlin-Friedrichshain brauen wollten, sind mittlerweile nach Hamburg umgezogen und nicht mehr wegzudenken aus der Kreativbierszene. Ihr Beitrag zum Buch: das „Super Ale“, ein IPA für jeden Tag (Seite 67).

Felix vom Endt war zeitweise auch Wahl-Berliner, ist aber mittlerweile wieder in seine Heimat Franken zurückgekehrt und braut dort in seiner eigenen kleinen Brauerei teils ziemlich abgedrehte Kreationen unter dem Label „Orca Brau“. Die Rezepte für das Brown Saison mit Fassaromen (Seite 105) und das fruchtig-rauchig-scharfe Smoked Raspberry Habanero Ale (Seite 90) stammen aus seiner Feder. Mindestens genauso experimentell sind **Dominik Pietsch** und

Joachim Amrhein unterwegs. Bei den Jungs von „Flügge" gibt's kein Pils und kein Helles, dafür lieber Saures und Wildes. In ihrer eigenen Brauerei in Frankfurt entstehen auch das Brett IPA (Seite 96) und das Rye Pale Ale (Seite 85), die du ab sofort nachbrauen kannst, wenn du möchtest.

Suchst du die absolute Hopfenbombe? Dann versuche dich an dem Double Dry-Hopped IPA (Seite 70), entwickelt von **Nico Döring** vom „Atelier der Braukünste" aus Romrod. Gnadenlos viel Mosaic-Hopfen kommt hier zum Einsatz. Das ist zwar nicht günstig, aber absolut lohnenswert. Denn Nico weiß, wie man Hopfen einzusetzen hat, wenn man wirklich das komplette Aroma aus ihm herauskitzeln möchte. Auch nicht ohne ist das Triple IPA von der **Kraftbierwerkstatt Böblingen**. Das Rezept dazu und die Geschichte zum „Ralphator" findest du ab Seite 74.

Lukas Beckmann (braumischung.de)

Mit dem Rezept für ihr Winterbier (Seite 50) vom Niederrhein hat das „Brauprojekt 777" um Brauer **Arne Hendschke** etwas Bodenständiges beigesteuert. Dieser malzige Trunk kann an kalten Tagen gut beim Aufwärmen helfen. Auch mein Biersommelierkollege **Uwe Kalms**, der in den Niederlanden in der Nähe von 's-Hertogenbosch eine kleine Brauerei namens „Uthoka Brouwstudio" betreibt, kennt sich mit Winterwärmern aus: Sein 5-Korn-Bier, dessen Rezept du auf Seite 101 finden kannst, schmeckt aber nicht nur in der kalten Jahreszeit gut.

Ebenfalls nicht ohne ist sein Tripel: „Belgian Buddy" hat Uwe es getauft, weil er vor Jahren nur dank eines belgischen Freundes auf den Tripel-Geschmack gekommen ist. Und es bringt alles mit, was du von dem alkoholstarken belgischen Klassiker erwarten kannst. Das dazugehörige Rezept ist auf Seite 56 abgedruckt.

Zu guter Letzt sei an dieser Stelle auch noch **Lukas Beckmann** von braumischung.de erwähnt, der mir für dieses Buch dankenswerterweise zwei Rezepte seiner erstklassigen Heimbraukreationen zugemailt halt. Sowohl sein California Common (Seite 66) als auch sein Americano Stout (Seite 77) habe ich schon selbst nachbrauen dürfen. Die Ergebnisse waren äußerst wohlschmeckend.

DEIN ERSTES PALE ALE
Ulmer
www.ulmer.de
CRAFT BIER
einfach
SELBER BRAUEN
BREW IT YOURSELF

BRAU'S DIR SELBST!

Diese einfache Brauanleitung soll dir dabei helfen, dein erstes eigenes Bier zu brauen: 20 Liter hellen, süffigen Gerstensaft.

DER EINFACHSTE WEG ZUM EIGENEN BIER

Du bist begeistert von der Aromavielfalt der kreativen Craftbierwelt und willst dich jetzt selbst am Bierbrauen versuchen? Du hast aber den ersten Band dieser Serie, „Craft-Bier einfach selber brauen", mit dem ausführlichen Leitfaden für Einsteiger leider nicht zur Hand? Kein Problem.

Mit dieser knappen Kurzanleitung solltest du trotzdem auf einfachem Weg ein wohlschmeckendes erstes Selbstgebrautes herstellen können. Wichtig ist nur: Halte dich an das Rezept – wie beim Kuchenbacken – und bringe ein wenig Geduld mit. Dann kann nichts schiefgehen.

Für den ersten Brauversuch eignet sich ein **Pale Ale** besonders gut. Es ist hell, hopfenbetont und moderat bitter. Es schmeckt den meisten, dürfte auch in deinem Freundeskreis gut ankommen und niemanden überfordern. 20 Liter Pale Ale mit ungefähr 5 % Alkohol sind auch in deiner Küche **mit wenig Aufwand** produzierbar. Die obergärige Hefe, die für Ales benötigt wird, vergärt außerdem bei Zimmertemperatur. Eine zusätzliche Kühlquelle wird also erstmal nicht benötigt. Und auch sonst musst du wahrscheinlich nicht viel anschaffen. In deiner Küche finden sich viele Utensilien, die du auch fürs Bierbrauen verwenden kannst. Vielleicht steht auf deinem Dachboden oder im Keller noch der große alte und völlig verstaubte Glühweintopf. Wenn ja, dann herzlichen Glückwunsch: Das ist schon die halbe Miete. Mit diesem **Einkochtopf** kannst du nämlich hervorragend Bier brauen.

Vorbereitungen treffen

Bevor es wirklich losgehen kann, musst du noch ein paar Dinge organisieren.

DEN ZOLL INFORMIEREN

Zuerst muss der Papierkram erledigt werden. Dein zuständiges Hauptzollamt muss vor dem ersten Brautag formlos über deine Absicht, ein eigenes Bier herzustellen, informiert werden. Dann ist es dir erlaubt, **200 Liter pro Kalenderjahr** steuerfrei zu brauen. Der Wortlaut einer solchen Brauanzeige kann simpel ausfallen. Wichtig ist nur, dass der Zoll dich als Hobbybrauer registriert hat.

DIE BRAUUTENSILIEN BESCHAFFEN

Wie schon erwähnt: Einige Gerätschaften werden sich sicher bereits in deinem Haushalt wiederfinden, für andere lohnt sich eine Investition.

Einkaufsliste

- Einkochtopf (27 bis 30 Liter Fassungsvermögen, mindestens 1800 Watt) mit Ablasshahn (70 bis 150 Euro)
- Brau- und Gäreimer (30 Liter Fassungsvermögen) mit Deckel, Auslaufhahn und Gärröhrchen (ab 15 Euro)
- Läuterspirale (ab 10 Euro)
- Messbecher (mindestens 1 Liter Fassungsvermögen, 3 bis 5 Liter sind optimal; 8 bis 12 Euro)
- Großer Holzlöffel (mindestens 30 cm lang, 60 cm sind optimal; 5 bis 8 Euro)
- Küchenthermometer
- Küchenwaage
- Reinigungsmittel auf Sauerstoffbasis (z. B. ChemiPro Oxi, 8 Euro, oder Reine Soda, 1 Euro)
- Isopropanol (70 %) (aus der Apotheke)
- 1 bis 2 zusätzliche große Kochtöpfe (5 bis 10 Liter Fassungsvermögen) oder einen Wasserkocher
- Bierwürzespindel (7 Euro)

Fortsetzung nächste Seite

INFO BRAUBEDARF ONLINE BESTELLEN

Die meisten der benötigten Gerätschaften und die Rohstoffe für dein eigenes Craftbier findest du bei speziell auf den Braubedarf ausgerichteten Onlinehändlern. Eine Liste der Händler, mit denen ich bislang immer gute bis sehr gute Erfahrungen gemacht habe, findest du auf Seite 115.

- Spindelzylinder (3 Euro)
- 40 saubere 0,5-Liter-Bügelflaschen (Braunglasflaschen)
- Dosierhilfe für Zucker (1 Euro) und einen Trichter
- Abfüllröhrchen (3 Euro)

Optional:

- Filterbeutel Monofilament (150 µ; 7 Euro) oder Küchensieb mit sauberem Küchentuch
- Silikonschlauch (1 m Länge)
- Sieblöffel

Die Zutaten einkaufen

Für das Pale Ale benötigen wir natürlich die vier wichtigen Grundzutaten für Bier: **Wasser, Gerstenmalz, Hopfen und Hefe**. Dein Brauwasser kommt aus dem Hahn, die anderen Zutaten bekommst du in den Online-Braubedarfshops. Außerdem benötigst du auch noch Haushaltszucker für einen späteren Schritt.

Einkaufsliste

- 5 kg Gerstenmalz (Pilsner Malz oder Pale-Ale-Malz), geschrotet (10 Euro)
- Optional dazu: 500 g Karamellmalz, geschrotet (1,50 Euro)
- 100 g Aromahopfen-Pellets (Typ 90) einer Sorte deiner Wahl (1 bis 19 % Alphasäure; ab 7 % Alphasäure kommst du auch mit 50 g aus; 7 oder 3,50 Euro)
- 1 Packung Trockenhefe: US-05 oder Nottingham Ale (2,50 Euro)
- Circa 30 Liter Leitungswasser
- 1 Packung Haushaltszucker

Mit den oben aufgeführten Zutaten kannst du dein Bier schon beim ersten Brauvorgang individualisieren: Du entscheidest über die Malzsorten und welchen Hopfen du verwenden möchtest. Die wichtigsten Aromaeigenschaften und den Alphasäurewert der einzelnen Hopfensorten sind in den gängigen Onlineshops angegeben. Doch auch die Wahl der Hefe spielt eine große Rolle: Mit der US-05 entsteht ein echtes American Pale Ale, ein leicht fruchtiges Bier, die Nottingham Ale hingegen vergärt recht geschmacksneutral. Wenn du gerne Pils oder Export trinkst, ist die letztgenannte Hefe die beste Wahl für dich. Süffig wird das Bier aber mit beiden Hefesorten.

Wenn alle Vorbereitungen getroffen sind, kann dein erster Brautag beginnen. **Reinige vorab alle Braugerätschaften gründlich** und starte dein erstes Bierbrauprojekt am Wochenende bereits morgens. Es wird ein paar Stunden Zeit in Anspruch nehmen.

Das Maischen

Der wichtigste Schritt im Brauprozess ist das Maischen, denn hier entsteht die für die Gärung enorm wichtige Malzzuckerlösung. Erhitze **18 Liter Wasser**, den **Hauptguss**, im Einkochtopf auf **74 °C**, gebe dann das geschrotete Malz hinzu. Dabei musst du gut rühren, damit sich keine Klümpchen bilden. **Die Temperatur sollte anschließend auf 67 °C gefallen sein**. Jetzt kannst du den Deckel auf den Topf legen und dich erst einmal wieder zurücklehnen. Der Maischvorgang dauert nämlich gut **1 Stunde**. Währenddessen arbeiten die im Malz enthaltenen Enzyme daran, die Stärke aus dem Gerstenmalz in **vergärbare und unvergärbare Zuckerarten** umzuwandeln. Aus den vergärbaren Zuckern wie beispielsweise der Maltose wird dank der Hefe später Alkohol und Kohlensäure. Die unvergärbaren Zucker nennt man Dextrine, sie bleiben als Restsüße im Bier zurück. Alle 20 Minuten solltest du umrühren und die Temperatur überprüfen. Ist sie gefallen, kannst du einfach unter ständigem Rühren nochmals auf 67 °C aufheizen. Nach 60 bis 70 Minuten sind die Enzyme mit ihrer Arbeit fertig. Dann sollte die Stärke aus dem Getreide in Zucker umgewandelt sein.

Läutern

Nun müssen die flüssigen und festen Bestandteile voneinander getrennt werden. Aus der Malzzuckerlösung, die der Fachmann **Bierwürze** nennt, soll später mal das leckere Pale Ale werden. Das ausgelaugte Malz nennt sich Treber und eignet sich hervorragend als Viehfutter. Du kannst aber auch ein Brot auf Treberbasis backen.

Die Maische beförderst du zunächst mit dem Messbecher komplett vom Einkocher in den Gär- und Braueimer. Achte aber darauf, dass die **Läuterspirale** vorab im Eimer korrekt befestigt ist. Sie ist ein wichtiges Hilfsmittel beim Filterprozess. Anschließend folgt eine 15-minütige Läuterruhe, in der du deinen Einkocher säubern kannst. Im Braueimer ist währenddessen gut zu erkennen, wie sich der **Treber** absetzt. Im Treber entstehen in dieser Zeit Kanäle, über die später die Bierwürze ablaufen kann. Positioniere nach der Läuterruhe den Einkocher unter dem Eimer.

INFO TREBERVERWERTUNG MAL ANDERS

Wenn dir das Treberbrotbacken auf Dauer zu langweilig wird, findest du in Band zwei, „Noch mehr Craft-Bier selber brauen", eine Auswahl an weiteren abwechslungsreichen Treberrezepten, beispielsweise für einen Trebersalat oder Treberkrokant.

Die erste Hopfengabe

Bevor das Läutern beginnt, kommt auch schon zum ersten Mal **Hopfen** ins Spiel. Er gibt an dein Bier nicht nur seine wertvollen Bitterstoffe ab, sondern auch seine ausgefallenen Aromen. Die Menge an Hopfen für die erste Hopfengabe kannst du der Hopfentabelle (Seite 26) entnehmen. Gib die Hopfenpellets einfach in den Einkochtopf und lass anschließend die Würze langsam hineinlaufen. Schütte nach und nach **10 bis 12 Liter** möglichst **heißes Wasser**, den **Nachguss**, auf den Treber im Braueimer, um die restlichen **Zucker herauszuspülen**. Nimm dir für den Läuterprozess ruhig ein wenig mehr Zeit. Es lohnt sich. Läuterst du zu schnell, könnte viel Zucker im Treber zurückbleiben, der eigentlich zu Alkohol hätte werden können …

Mithilfe eines gelöcherten Einkocherdeckels, verkehrt herum auf den Läuterbottich aufgelegt, kannst du das Wasser auf den Treber auftragen, ohne ihn dabei aufzuwühlen und die Kanäle zu zerstören. Wenn du kein großer Bastler bist, kannst du auch einfach einen Schaumlöffel oder den Braulöffel zum Brechen des Wasserstrahls verwenden. Ist der **Einkochtopf halbvoll** gelaufen, kannst du bereits **auf 100 °C aufheizen**.

Wichtig ist auch, dass der Treber während des Läuterns nicht trocken läuft, weil sich sonst die darin enthaltenen Kanäle zuziehen. Achte also darauf, dass immer zwei Finger breit an heißem Wasser obenauf liegen. Wenn du siehst, dass der Einkochtopf langsam vollläuft, kannst du das natürlich vernachlässigen. Dann ist das Ende des Läuterns gekommen.

Das Würzekochen

Nun muss die Bierwürze **70 Minuten gekocht** werden. Achte darauf, dass der Deckel nicht komplett, sondern nur zur Hälfte während des Kochens aufliegt. Es muss Flüssigkeit verdampfen können, damit unter anderem das aus dem Malz stammende Dimetylsulfid, kurz DMS, ausgetrieben werden kann. DMS liefert ansonsten ein Fehlaroma, das an Gemüsebrühe oder Dosenmais erinnert. Kurz vor Ende des Kochvorgangs liest du in der Hopfentabelle die zweite Hopfengabe ab und gibst den **Hopfen mit Ende des Kochvorgangs** zur Würze. Warte anschließend in etwa 5 Minuten ab, bis sich die Konvektion, also die Bewegung im Topf, gelegt hat.

Der Whirlpool

Erzeuge anschließend mit einer kräftigen **Rührbewegung** einen **Strudel**, den **Whirlpool**, damit anschließend Hopfenreste und Eiweißflocken im **Trubkegel** in der Mitte des Einkochers verbleiben und du die Würze seitlich über den Hahn in den zuvor gereinigten Gärbottich abziehen kannst. Lass nach dem Whirlpool aber 10 Minuten Zeit vergehen. Im Topf darf sich wirklich nichts mehr bewegen. Wenn ein paar Trubstoffe mit in den Gärbottich gelangen, macht das übrigens nichts. Am Ende der Gärung bedeckt eh die Hefe alle Eiweiß- und Hopfenreste, sodass nichts in die Flasche gelangen wird.

Aufgrund der Verdunstung während des Kochens kannst du anschließend noch **1 bis 3 Liter kaltes Wasser** nachschütten, um die 20-Liter-Marke zu erreichen. Achte darauf, dass du ab jetzt besonders hygienisch arbeitest: Desinfiziere den Deckel mit Isopropanol, bevor du ihn auf den Gärbottich setzt. Entnimm eine Spindelprobe, miss die **Stammwürze**, also den finalen Zuckergehalt der Würze, und notiere den Wert.

Die Gärung

Die Hefe streust du am nächsten Morgen nach dem Abkühlen auf die Würze, die dann eine **Temperatur zwischen 20 und 30 °C** haben sollte. Die Hauptgärung sollte nun **bei Zimmertemperatur** stattfinden. Befülle das Gärröhrchen bis zur Markierung mit Wasser und setze es in das vorgefertigte Loch im Deckel ein. Da während der Gärung nicht nur Alkohol, sondern auch Kohlensäure entsteht, wird es schon bald blubbern: ein Indiz dafür, dass es gärt. Je nach Hefesorte kann die Gärung **unterschiedlich lange** dauern. Zunächst bilden sich im Gärbottich die Kräusen, eine schaumige

Hefeschicht auf der Oberfläche der gärenden Würze. Wenn die Oberfläche langsam wieder aufklart, ist **Jungbier** entstanden. Sobald das Gärröhrchen nicht mehr blubbert und du wieder eine **klare Oberfläche** vorfindest, kannst du mit der Würzespindel den sogenannten **Restextrakt** – also der Wert für die Stammwürze nach der Gärung – messen. Ändert sich dieser Wert 3 Tage in Folge nicht, kannst du dich ans Abfüllen machen. Denn dann ist die Gärung beendet. Mit den Werten für die Stammwürze und den Restextrakt kannst du den Alkoholgehalt berechnen. Rechentools dazu findest du im Netz.

Das Abfüllen

Da während der Gärung nicht ausreichend Kohlensäure im Jungbier gelöst wurde, weil ein Großteil ja durch das Gärröhrchen entweichen konnte, musst du mit einem kleinen Trick, der **Flaschengärung**, nachhelfen. Nutze die **Dosierhilfe** und befülle die gereinigten braunen **Bügelflaschen**, die du mit heißem Wasser ausgespült haben solltest, mit der entsprechenden Menge Haushaltszucker. Fülle dann das Jungbier darauf und verschließe die Flaschen sofort. Stelle die abgefüllten Bierflaschen nun noch **circa 1 Woche** an einem Ort mit **Zimmertemperatur** ab, damit die sogenannte **Nachgärung** stattfinden kann. In der Flasche verstoffwechseln in dieser Zeit die kleinen, nahezu unsichtbaren Hefepartikel aus dem Jungbier den Haushaltszucker zu einer weiteren kleinen Menge Alkohol und **ausreichend Kohlensäure**. Anschließend kannst du deine erste Flasche probieren und die anderen Flaschen **4 bis 6 Wochen** kühl und dunkel, am besten im Keller, **reifen** lassen. Du kannst in dieser Zeit aber trotzdem jede Woche eine Flasche öffnen, um zu probieren und so zu erkennen, wie sich dein Bier in der Reifephase weiterentwickelt. Prost!

Hopfentabelle

Mithilfe dieser Tabelle kannst du die Mengen für beide Hopfengaben ablesen. Die Werte sind Mittelwerte und dürften für einen Bitterwert zwischen 28 und 32 IBU (International Bitter Units) sorgen, also eine moderate Bittere.

Alphasäuregehalt	Erste Hopfengabe	Zweite Hopfengabe
1 bis 2,9 %	73 g	93 g
3 bis 4,9 %	36 g	47 g
5 bis 6,9 %	24 g	31 g
7 bis 8,9 %	18 g	23 g
9 bis 10,9 %	14 g	18 g
11 bis 12,9 %	12 g	15 g
13 bis 14,9 %	10 g	13 g
15 bis 16,9 %	9 g	11 g
17 bis 18,9 %	8 g	10 g

Und weiter geht's …

Dein erstes Pale Ale hat geschmeckt und nun willst du mehr? Dann hältst du das richtige Buch in deinen Händen. Ab Seite 37 findest du weitere Rezepte, mit denen du dich am Einkochtopf nach Herzenslust austoben kannst. Wenn du aber zunächst noch mehr Erfahrungen sammeln möchtest, empfehle ich dir vorab die Lektüre der ersten beiden Bände dieser Reihe.

CRAFTBIER-REZEPTE

An dieser Stelle findest du 50 neue Rezepte für spannende Craftbiere zum Nachbrauen.

Wenn du die Rezeptideen aus den beiden ersten Bänden dieser Buchserie schon nachgebraut hast, kennst du das Rezeptschema. Du kannst also auch bei diesen Bierstilen die ausführliche Anleitung aus „Craft-Bier einfach selber brauen“ (oder die Kurzanleitung aus diesem Band, ab Seite 15) Schritt für Schritt, vom Einmaischen bis zur Nachgärung, durchgehen ...

AN DIE TÖPFE, FERTIG, LOS!

... und dich später über ein neues besonderes Selbstgebrautes freuen. Sollte es neue Arbeitsschritte geben, sind diese erläutert. Die Angaben für den Stammwürze- und den Alkoholgehalt sind nur als Orientierung gedacht. Letztendlich entscheiden deine Anlage und deine Sudhausausbeute über diese Werte. Sollten diese nach dem ersten Brauversuch des jeweiligen Rezepts stark abweichen, kannst du beim nächsten Mal einfach die Rohstoffmengen entsprechend anpassen.

Hin und wieder kann es sein, dass die Hopfensorten aus den Rezepten in den Braubedarfshops nicht (mehr) zu bekommen sind. Du kannst in diesem Fall auch einfach andere Sorten mit einem ähnlichen Aromaprofil ausprobieren. Beachte dabei bitte, dass die Alphasäurewerte der Hopfensorten je nach Herkunft und Jahrgang variieren können. Die in den Rezepten angegebenen sind nur ungefähre Werte. Die korrekten Hopfenmengen für den von dir als Alternative ausgesuchten Hopfen mit dem entsprechenden Alphasäurewert musst du also vorab mit einem Rechner ermitteln, den du beispielsweise auf der Webseite der Müggelland-Brauerei findest.

Die viertelstündige Nachlaufzeit

Trage im Formular für die Hopfenberechnung auf der Webseite der Müggelland-Brauerei unbedingt eine **Nachlaufzeit von 15 Minuten** ein. Diese Zeit gibt an, wie lange der Hopfen nach Kochende noch in der heißen Würze liegt, bevor in den Gärbottich umgefüllt wird. In dieser Phase lösen sich noch eine Menge Bitterstoffe, daher ist die Nachlaufzeit, auch **Nachisomerisierungszeit** genannt, für die Berechnung der Hopfenmenge von großer Relevanz.

Eine anfängerfreundliche Sudhausausbeute

Die **Sudhausausbeute** (gelegentlich auch: Malzausbeutefaktor) informiert dich darüber, wie viel Zucker du aus dem Malz während des Brauprozesses herausgeholt hast. Je höher die Sudhausausbeute, desto besser verlief deine Maischearbeit oder desto effizienter warst du vermutlich beim Läutern. Mithilfe von Onlinetools kannst du deine Ausbeute einfach berechnen, wenn du die Schüttungsmenge, die Stammwürze und das Volumen der Ausschlagwürze notiert hast. Bei Anfängern sind es oft nur 50 bis 60 %. Fortgeschrittene erreichen teilweise auch 70 %. In den Großbrauereien liegt sie mittlerweile sogar bei 75 % und mehr.

Damit du auch als Neuling keine Probleme hast, die Rezepte auf den folgenden Seiten nachzubrauen und dabei die angegebene Zielstammwürze zu erreichen, habe ich die jeweilige Schüttung in den Rezepten einheitlich auf eine sehr anfängerfreundliche **Sudhausausbeute von 50 %** gebracht. Wenn du schon ein erfahrener Heimbrauer bist und deine Ausbeute in einem höheren Bereich liegt, kannst du mithilfe der prozentualen Angaben sehr leicht die für dich relevanten Malzmengen errechnen.

Bei der Malzauswahl hast du übrigens auch die Qual der Wahl: Ich habe die Bezeichnungen für die Malze bewusst allgemein gehalten. Bis auf eine kleine Ausnahme, da es für diese keine Alternative gibt, habe ich auf Markenbezeichnungen großer Mälzereien verzichtet. Du kannst also selbst entscheiden, auf welche Mälzerei du bei der Auswahl deiner Malzsorten setzen möchtest.

Beim Aufheizen immer rühren

Die in den ersten Bänden so oft thematisierte **Kombirast** spielt in vielen der folgenden Rezepte keine oder eine nur untergeordnete Rolle, zum Beispiel als Zwischenrast zur Verbesserung der Vollmundigkeit. Stattdessen wirst du in den Rezepten häufig auch andere **klassische Rasten** vorfinden, durch die ein geschmacklich noch komplexeres Trinkerlebnis erzeugt werden soll. Jeder Brauer hat da seine eigenen Vorlieben. Hin und wieder wird beispielsweise vor der Maltoserast auch eine kurze Eiweißrast gefahren, durch die die Schaumstabilität verbessert werden soll.

Bedenke beim häufigen **Aufheizen** auf die verschiedenen Raststufen bitte, dass du **währenddessen immer rühren** musst, damit die Maische am Topfboden nicht anbrennt. Solltest du aus der Einkocherklasse auf ein Kochersystem mit Malzpumpe umgestiegen sein, dann beachte, dass die Umwälzpumpe während der Aufheizphasen auch immer angeschaltet ist. Die Röstaromen, die beim Anbrennen von Maische entstehen, können dein Bier später ungenießbar machen.

Gussführung an deine Maßstäbe anpassen

Wie du sicher schon bemerkt hast, finden in meinen Rezepten immer 30 Liter Wasser Verwendung. Dass am Ende nur 20 Liter Bier dabei herauskommen, liegt natürlich daran, dass schlussendlich noch viel Wasser im Treber verbleibt oder beim Würzekochen verdunstet. Vielleicht ist dir beim Nachbrauen meiner Rezepte aus den ersten Büchern aber auch schon aufgefallen, dass du eigentlich mit weniger Nachgusswasser als angegeben auskommst. Das kann durchaus passieren, denn auf jeder Anlage braut es sich anders. Das ist der Grund, warum sich die Rezepte aus den Internetdatenbanken bei den Angaben zur Gesamtmenge des Wassers teils stark unterscheiden. Vielleicht bist du aber auch besonders sorgfältig beim Läutern. Dann kann ich nur sagen: gut gemacht!

Bei einigen Rezepten ist mächtig viel Malz im Spiel, sodass möglicherweise die Maische sehr dickflüssig ist und dadurch eventuell sogar die Verzuckerung erschwert wird. Das kann sogar längere Rastzeiten als angegeben erfordern. Wenn du derartige Erfahrungen bereits bei früheren Brauversuchen gemacht hast, weil dein Topf vielleicht kleiner als der Standardeinkocher ist, kannst du zum Beispiel Haupt- und Nachguss, also deine allgemeine Gussführung, ohne große Bedenken deinen Bedürfnissen anpassen. In allen Fällen gilt: **Optimiere die Rezepte ruhig, wenn es nötig ist**. Du weißt ja: Bier wird's immer – so oder so.

Große Unterschiede bei den Rastzeiten

Einige der Rezepte befreundeter Brauer weisen für den Heimbraubereich **unüblich lange Rastzeiten** auf. Das mag den Hobbybrauer auf den ersten Blick überraschen, ist bei größeren Brauereien aber keine Seltenheit. Für Brauer Arne Hendschke vom Brauprojekt 777 sind die ausgedehnten Rasten im Braualltag immens wichtig: „Ziel ist es, den Maltosegehalt, den Endvergärungsgrad und die Sudhausausbeute zu erhöhen. Und das funktioniert nur über geduldiges, langes Rasten."

Bei größeren Produktionsmengen an Bier ist das absolut nachvollziehbar. Schließlich müssen die Brauereien wirtschaftlich arbeiten. Wenn du nicht so viel Geduld mitbringst, kannst du die Rasten natürlich auch **nach Belieben kürzen**: Bei regelmäßigem Rühren ist **nach 60 bis 70 Minuten Maischen** ein sehr großer Teil der Stärke bereits verzuckert. Und wenn du Sorge hast, dass deine Zielstammwürze zu niedrig ist, maische einfach direkt **eine kleine Schaufel mehr Malz** mit ein. Verdünnen kannst du die Würze vor dem Anstellen der Hefe später immer noch.

Das Brauen von untergärigen Bieren

In diesem Kapitel findest du eine Vielzahl von Rezepten für **untergärige Biere**, bei deren Herstellung du auf einige Aspekte besonders achtgeben solltest.

Wie so oft ist die Vorbereitung alles, aber sie ist zum Glück nicht besonders aufwendig. Sorge vorab dafür, dass du Platz im **Kühlschrank** hast. Dein sperriger Gärbottich muss dort reinpassen, ein Gesamtvolumen von ca. 130 Litern sollte er also unbedingt mitbringen. Ein Eisfach nimmt nur unnötig Platz weg. Optimal ist natürlich ein eigener Kühlschrank, den du nur für dein Hobby und alle untergärigen Sude nutzen kannst. Dann hängt auch der Haussegen nicht so schnell schief, wenn du mal wieder etwas Untergäriges vergären lässt.

Reinige ihn vorab sehr gründlich, denn **Hygiene** ist in diesem Fall besonders wichtig. Der Kühlschrank sollte eine Temperaturregelung haben, damit du später die optimale Gärtemperatur einstellen kannst. Meistens haben die klassischen Haushaltskühlschränke nur einen Regler mit mehreren

Stufen. Daher musst du vorab mit einem Thermometer überprüfen, welche Temperatur in der jeweiligen Stufe erreicht wird. Meistens kannst du diese Informationen schon der Bedienungsanleitung entnehmen, verlasse dich aber besser nicht allein auf diese Angaben.

Bis zum Start der Gärung verläuft dein Brautag genauso wie bei jedem anderen Bier auch. Allerdings solltest du abschließend dafür sorgen, dass die Würze schnell herunterkühlt und die **Anstelltemperatur von 20 bis 25 °C** noch am selben Tag erreicht wird. Bierwürze, die man über Nacht abkühlen lässt, verändert geringfügig ihren Geschmack. Das fällt bei obergärigen Bieren nicht so sehr ins Gewicht wie bei untergärigen. Außerdem reduziert das rasche Abkühlen die **Infektionsgefahr**.

Entweder stellst du deinen Gärbottich direkt in den Kühlschrank und überprüfst regelmäßig die Temperatur. Besser allerdings ist das schnelle Herunterkühlen mittels Würzekühler. Dann kannst du bereits nach 20 bis 25 Minuten die Trockenhefe durch Aufstreuen hinzugeben. Wenn du bei obergärigen Bieren immer ein Tütchen auf 20 Liter Würze verwendest, nimm für untergärige Biere besser die **doppelte Menge**.

Noch besser wäre es, wenn die Würze bei Zugabe der Hefe eine Temperatur von 9 bis 12 °C hätte. Dann müsstest du allerdings mit einem Hefestarter arbeiten, den du am besten auch schon 1 Woche vorher angesetzt hast, damit sich ausreichend Hefezellen gebildet haben. Ansonsten kommt die Gärung nur schwer in Gang.

Die **Gärung** sollte, wenn nicht anders angegeben, **bei 12 °C** unter regelmäßiger Kontrolle ablaufen und dauert erfahrungsgemäß länger als bei obergärigen Bieren. Die beliebte Pils-Hefe Saflager S-23 benötigt beispielsweise **ungefähr 8 bis 10 Tage**.

Nach Ende der Hauptgärung solltest du deinen Gärbottich aus dem Kühlschrank nehmen und eine 24-stündige **Diacetylrast** bei Zimmertemperatur durchführen. Diacetyl entsteht bei der Gärung und beeinflusst den Geschmack des Biers durch ein feines, süßliches **Butteraroma**, kann aber durch eine eintägige Rast in einem kühlen Raum schnell abgebaut werden. Beim böhmischen Pils (siehe das Rezept auf Seite 38) ist Diacetyl aber sogar erwünscht. Da verzichtest du also besser auf die Rast.

NORDDEUTSCHES PILS

[UNTERGÄRIG, 12 °PLATO, 5 % ALKOHOL, 40 IBU]

Schlank, elegant und knackig bitter im Abgang: So lässt sich das norddeutsche Pils treffend beschreiben. Doch die wirklich markanten Vertreter dieses untergärigen Klassikers sind in deutschen Getränkemärkten kaum noch auszumachen. Selbst ist der Heimbrauer! Wenn du ein echter Pilsliebhaber bist, dürfte dich dieses Rezept sicher ansprechen. Bei allen Pilsenern gilt: Eine lange kühle Lagerung (3 bis 6 Wochen) rundet den Geschmack ab und sorgt für die oftmals gewünschte Klärung des Biers.

Schüttung:

4800 g Pilsener Malz

HAUPTGUSS: 18 l
NACHGUSS: 12 l

Maischen:

Einmaischen bei 55 °C Wassertemperatur
Maltoserast bei 63 °C für 45 Minuten
Verzuckerungsrast bei 72 °C für 15 Minuten
Abmaischen bei 78 °C

Hopfen:

25 g Hallertauer Mittelfrüh (3 % Alphasäure) zur Vorderwürze (70 Minuten Kochzeit)
15 g Magnum (13 % Alphasäure) bei Kochbeginn (70 Minuten Kochzeit)
25 g Hallertauer Mittelfrüh (3 % Alphasäure) bei Kochende (0 Minuten Kochzeit)

Hefe:

W34/70 oder S-23

BÖHMISCHES PILS

[UNTERGÄRIG, 12 °PLATO, 5 % ALKOHOL, 35 IBU]

Ein Pils gebraut nach böhmischem Vorbild kann selbstredend nur authentisch schmecken, wenn es auch mit echtem böhmischen Pilsener Malz eingebraut wird. Dieses Malz wird aus der Gerstensorte „Hanka“ hergestellt, eng verwandt mit der Sorte „Hanna“, die Josef Groll 1842 für seinen legendären ersten Sud nach Pilsener Brauart verwendet haben soll. Und selbstverständlich darf auch der Saazer Hopfen nicht fehlen, der ebenfalls seit dieser Zeit für die weichen blumig-kräuterigen Aromen im traditionellen Pils verantwortlich ist.

Schüttung:

4800 g böhmisches Pilsener Malz

HAUPTGUSS: 18 l
NACHGUSS: 12 l

Maischen:

Einmaischen bei 55 °C Wassertemperatur
Maltoserast bei 63 °C für 40 Minuten
Verzuckerungsrast bei 72 °C für 20 Minuten
Abmaischen bei 78 °C

Hopfen:

25 g Saazer (3 % Alphasäure) zur Vorderwürze (70 Minuten Kochzeit)
12 g Magnum (13 % Alphasäure) bei Kochbeginn (70 Minuten Kochzeit)
25 g Saazer (3 % Alphasäure) bei Kochende (0 Minuten Kochzeit)

Hefe:

Czech Pilsner 18 (CP18)

SESSION PILS

[UNTERGÄRIG, 11 °PLATO, 4 % ALKOHOL, 26 IBU]

BREWER'S TRIBUTE

BERLIN CRAFT BEER
EST. 2015

Berlins aufstrebendes Brauprojekt Brewer's Tribute steuert zu diesem Rezeptkatalog ein echtes Sommerhighlight bei: ein leichtes Pils, alkoholarm und dank der Kalthopfung auch angenehm fruchtig. Die kleine Menge an gesäuertem Malz verbessert die Maischearbeit und sorgt für einen lichteren Farbton im fertigen Bier. Der Einsatz von hellem Karamellmalz wirkt sich ebenfalls positiv auf die Bierfarbe aus, außerdem wird so die Bittere eleganter eingebunden.

Schüttung:

3800 g Pilsener Malz (86,4 %)
400 g helles Karamellmalz (9,1 %)
200 g Sauermalz (4,5 %)

HAUPTGUSS: 18 l
NACHGUSS: 12 l

Maischen:

Einmaischen bei 55 °C Wassertemperatur
Maltoserast bei 62 °C für 30 Minuten
Verzuckerungsrast bei 72 °C für 30 Minuten
Abmaischen bei 78 °C

Hopfen:

11 g Herkules (16 % Alphasäure) bei Kochbeginn (70 Minuten Kochzeit)
6 g Saazer (3 % Alphasäure) bei Kochende (0 Minuten Kochzeit)

Hefe:

S-23 bei 12 °C

KALTHOPFUNG NACH DER HAUPTGÄRUNG:
12 g Saazer für 2 Tage

HELLES

[UNTERGÄRIG, 12,5 °PLATO, 5 % ALKOHOL, 23 IBU]

„Nah am Wasser gebraut“ und trotzdem nicht langweilig im Geschmack – das ist die eigentliche Braukunst beim hellen Vollbier. Ein klassischer Durstlöscher, dank des Aromahopfens Saphir mit einer besonders spritzigen Note versehen, ist diese Kreation von Sebastian Nguyen, Brauer in der Trierer Hausbrauerei Kraft Bräu. Der komplexe Maischvorgang führt zu einem hohen Endvergärungsgrad und verbessert die Vollmundigkeit.

Schüttung:

5000 g Pilsener Malz

HAUPTGUSS: 18 l
NACHGUSS: 12 l

Maischen:

Einmaischen bei 55 °C Wassertemperatur
1. Maltoserast bei 63 °C für 20 Minuten
2. Maltoserast bei 65 °C für 10 Minuten
Kombirast bei 68 °C für 10 Minuten
Verzuckerungsrast bei 72 °C für 30 Minuten
Abmaischen bei 78 °C

Hopfen:

Gesamtkochzeit: 60 Minuten
21 g Saphir (3 % Alphasäure, 45 Minuten Kochzeit),
16 g Saphir (3 % Alphasäure, 15 Minuten Kochzeit),
55 g Saphir (3 % Alphasäure) bei Kochende (0 Minuten Kochzeit)

Hefe:

S-23 bei 12 °C

KALTHOPFUNG WÄHREND DER HAUPTGÄRUNG:
50 g bis 100 g Saphir für 5 Tage

INFO SPÄTE HOPFENGABE, VIEL AROMA

Für die notwendige Eiweißfällung sind 60 Minuten Kochzeit immer obligatorisch, aber warum kommt erst nach 25 Minuten Hopfen ins Spiel? Mit dieser Strategie wird insgesamt mehr Hopfen benötigt, um die Zielbittere zu erreichen. Der Vorteil, gerade bei Bieren mit wenig Bittereinheiten: Die größere Menge Hopfen bringt auch mehr Aromaöl mit, was sich positiv auf den Geschmack auswirkt.

BRAUTUM
Biervielfalt

EXPORT

[UNTERGÄRIG, 13,5 °PLATO, 5,5 % ALKOHOL, 30 IBU]

Der Bierstil Export hat Dortmund zeitweilig zur wichtigsten Braustadt Europas gemacht. Das malzige und wenig bittere Helle war Mitte des 20. Jahrhunderts aufgrund seines leicht höheren Alkoholgehalts optimal für den Export in andere Regionen geeignet und erfreute sich überall großer Beliebtheit. Heute ist es fast tragisch, dass in süddeutschen Gefilden mehr Exportbier getrunken wird als im östlichen Ruhrgebiet. Wenn du den Klassiker selbst einmal brauen möchtest, versuche es doch mit diesem Rezept aus der Feder des Dortmunder Hobbybrauvereins Brautum. Mehr Ruhrpott geht nich', hömma!

Schüttung:

2500 g Pilsener Malz (45,5 %)
2200 g Wiener Malz (40 %)
500 g Münchner Malz (9,1 %)
300 g helles Karamellmalz (5,4 %)

HAUPTGUSS: 18 l
NACHGUSS: 12 l

Maischen:

Einmaischen bei 55 °C Wassertemperatur
Maltoserast bei 62 °C für 30 Minuten
Kombirast bei 67 °C für 30 Minuten
Verzuckerungsrast bei 72 °C für 20 Minuten
Abmaischen bei 78 °C

Hopfen:

6 g Spalter Select (4 % Alphasäure) zur Vorderwürze (60 Minuten Kochzeit)
22 g Perle (5 % Alphasäure) zur Vorderwürze (60 Minuten Kochzeit)
4 g Taurus (13 % Alphasäure) bei Kochbeginn (60 Minuten Kochzeit)
17 g Saazer (3 % Alphasäure, 10 Minuten Kochzeit)
4 g Spalter Select (4 % Alphasäure, 10 Minuten Kochzeit)

Hefe:

S-23

DUNKLES

[UNTERGÄRIG, 12 °PLATO, 4,5 % ALKOHOL, 20 IBU]

Ein echtes Münchner Dunkel erfordert eigentlich eine Dekoktion. Durch das traditionelle Kochmaischverfahren werden die Biere noch vollmundiger und erhalten eine besonders kernige Malzigkeit. Wenn du Zeit und Aufwand sparen willst, braue dein Dunkles einfach mit einer guten Portion Melanoidinmalz ein. Ein klassisches Münchner Dunkel wird dein Selbstgebrautes so natürlich nicht. Das fertige Selbstgebraute weist aber zumindest ein ähnliches Geschmacksprofil auf und schmeckt an kühlen Abenden besonders gut.

Schüttung:

4200 g Münchner Malz (87,5 %)
600 g Melanoidinmalz (12,5 %)

HAUPTGUSS: 18 l
NACHGUSS: 12 l

Maischen:

Einmaischen bei 55 °C Wassertemperatur
Maltoserast bei 63 °C für 35 Minuten
Verzuckerungsrast bei 72 °C für 25 Minuten
Abmaischen bei 78 °C

Hopfen:

10 g Magnum (13 % Alphasäure) zum Kochbeginn (60 Minuten Kochzeit)
12 g Spalter Select (4 % Alphasäure) bei Kochende (0 Minuten Kochzeit)

Hefe:

S-23 oder #2308 Munich Lager

WIEẞ

[OBERGÄRIG, 13 °PLATO, 5,2 % ALKOHOL, 25 IBU]

Du möchtest ein echtes Kölsch brauen? Da stehen die Chancen schlecht, wenn du kein Kölner bist. Denn Kölsch darf ein Bier nur dann heißen, wenn es auch in der Domstadt gebraut wurde. So steht es in der Kölsch-Konvention von 1985. Hinzu kommt, dass Kölsch immer filtriert sein muss. Und das ist unmöglich bei Heimgebrautem. Das unfiltrierte Kölsch existiert jedoch schon seit dem Mittelalter als Wieß und ist mindestens genauso süffig wie die glanzfeine Version. Die Autoren dieses Rezepts sind Ricardo Rutzka und Heiko von Borzyskowski. Sie sind Teil der Kölner Bierhistoriker, also in diesem Fall echte Fachleute.

Schüttung:

4500 g Pilsener Malz (81,8 %)
550 g Wiener Malz (10 %)
450 g helles Weizenmalz (8,2 %)

HAUPTGUSS: 16 l
NACHGUSS: 14 l

Maischen:

Einmaischen bei 60 °C Wassertemperatur
Eiweißrast bei 57 °C für 10 Minuten
Kombirast bei 67 °C für 60 Minuten
Abmaischen bei 78 °C

Hopfen:

Gesamtkochzeit: 90 Minuten
35 g Tradition (5 % Alphasäure, 50 Minuten Kochzeit)
4 g (Hallertauer) Cascade (6 % Alphasäure) bei Kochende (0 Minuten Kochzeit)

Hefe:

K-97, Nottingham Ale oder Colonia F.

FESTBIER

[UNTERGÄRIG, 14,5 °PLATO, 6,5 % ALKOHOL, 26 IBU]

Aus dem Lippstädter Brauhaus Thombansen von Brauereichef Daniel stammt nachfolgendes Rezept. Dieses rosskastanienrötliche Märzen ist stiltypisch für ein Festbier etwas alkoholstärker eingebraut und außerordentlich süffig. Der zusätzliche Einsatz von Mosaic im Whirlpool ergänzt das eher malzdominierte Aroma um einen leichten Hauch von Zitrus. Übrigens: Wer schummeln will oder muss, kann aus dem untergärigen auch ein obergäriges Festbier machen, sagt Daniel. Hier eignet sich die Nottingham Ale als Hefe recht gut.

Schüttung:

4400 g Pilsener Malz (74,6 %)
1200 g Wiener Malz (20,3 %)
200 g Haferflocken (3,4 %)
100 g dunkles Karamellmalz (1,7 %)

HAUPTGUSS: 18 l
NACHGUSS: 12 l

Maischen:

Einmaischen bei 55 °C Wassertemperatur
Maltoserast bei 63 °C für 40 Minuten
Verzuckerungsrast bei 72 °C für 25 Minuten
Abmaischen bei 78 °C

Hopfen:

12 g Tradition (5 % Alphasäure) zu Kochbeginn (70 Minuten Kochzeit)
15 g Tradition (5 % Alphasäure, 35 Minuten Kochzeit)
25 g Tettnanger (4 % Alphasäure, 5 Minuten Kochzeit)
4 g Mosaic (11 % Alphasäure) bei Kochende (0 Minuten Kochzeit)

Hefe:

W34/70 oder S-23 bei 12 °C

MAIBOCK

[UNTERGÄRIG, 16,5 °PLATO, 6,8 % ALKOHOL, 28 IBU]

Weil im Mai reichlich Feiertage anstehen, braut der vorausschauende Brauer bereits zum Jahresanfang seinen Maibock ein. Denn ein kräftiges Starkbier darf ruhig mehrwöchig kalt reifen. Die hellen Frühlingsböcke sind zumeist weniger süß und stärker gehopft als ihre winterlichen Gegenspieler. Auch bei dieser Variante, die alljährlich bei Kraft Bräu in Trier eingebraut wird, ist eine große Hopfengabe zum Kochende vorgesehen. Zur Verbesserung der Vollmundigkeit schwört Brauer Sebastian auf eine 10-minütige Kombirast, zusätzlich zum klassischen Maischprogramm.

Schüttung:

3400 g Pilsener Malz (50 %)
2400 g Wiener Malz (35,3 %)
650 g helles Karamellmalz (9,6 %)
200 g rotes Karamellmalz (2,9 %)
150 g Melanoidinmalz (2,2 %)

HAUPTGUSS: 16 l
NACHGUSS: 14 l

Maischen:

Einmaischen bei 50 °C Wassertemperatur
Eiweißrast bei 58 °C für 15 Minuten
Maltoserast bei 64 °C für 20 Minuten
Kombirast bei 68 °C für 10 Minuten
Verzuckerungsrast bei 73 °C für 30 Minuten
Abmaischen bei 78 °C

Hopfen:

15 g Perle (5 % Alphasäure) zu Kochbeginn (60 Minuten Kochzeit)
10 g Cascade (6 % Alphasäure, 15 Minuten Kochzeit)
65 g Saphir (3 % Alphasäure) und 12 g Cascade (6 % Alphasäure) bei Kochende (0 Minuten Kochzeit)

Hefe:

W34/70

SOMMERBIER

[OBERGÄRIG, 11,2 °PLATO, 4 % ALKOHOL, 18 IBU]

Ein perfekter Durstlöscher für die schwitzige Jahreszeit ist dieses Sommerbier, angelehnt an das in Hobbybraukreisen sehr beliebte Samba Pale Ale. Die Verwendung von Maisgrieß und Maisflocken macht dieses Bier süffig und leicht süßlich, es kommt außerdem schlank und cremig zugleich daher. Dazu passt ein Hopfen, dessen Aroma an Zitrusfrüchte erinnert: Kazbek ist hier meine erste Wahl, doch auch Opal oder Citra sind eine gute Option.

Schüttung:

2500 g Pilsener Malz (55,5 %)
1200 g helles Weizenmalz (26,6 %)
300 g Haferflocken (6,7 %)
250 g Maisflocken (Cornflakes; 5,6 %)
250 g Maisgrieß (Polenta; 5,6 %)

HAUPTGUSS: 18 l
NACHGUSS: 12 l

Maischen:

Einmaischen bei 72 °C Wassertemperatur
Kombirast bei 67 °C für 60 Minuten
Abmaischen bei 78 °C

Hopfen:

10 g Kazbek (6 % Alphasäure) zur Vorderwürze (70 Minuten Kochzeit)
35 g Kazbek (6 % Alphasäure) bei Kochende (0 Minuten Kochzeit)

Hefe:

Nottingham Ale oder S-04

WINTERBIER

[UNTERGÄRIG, 14 °PLATO, 5,5 % ALKOHOL, 22 IBU]

Im Winter darf's gern etwas kräftiger sein. Denn wenn es draußen eisig ist und alles fröstelt, wärmt vor allem ein malzaromatisches Bier mit ein wenig mehr Alkohol als sonst. Dieses niederrheinische Winterbier vom Brauprojekt 777 ist mittlerweile ein beliebter Klassiker zur kalten Jahreszeit. Es ist super süffig. Da geht auch mal ein Fläschchen mehr am Abend.

Schüttung:

2800 g Münchner Malz (49,1 %)
2100 g Pilsener Malz (37,9 %)
800 g helles Karamellmalz (14 %)

HAUPTGUSS: 18 l
NACHGUSS: 12 l

Maischen:

Einmaischen bei 55 °C Wassertemperatur
Maltoserast bei 63 °C für 60 Minuten
Verzuckerungsrast bei 72 °C für 45 Minuten
Abmaischen bei 78 °C

Hopfen:

27 g Fuggles (4 % Alphasäure) zu Kochbeginn (60 Minuten Kochzeit)
23 g Fuggles (4 % Alphasäure, 5 Minuten Kochzeit)

Hefe:

W34/70 oder S-23

RUHR
POTT
BREW

DUNKLES WEIZENBIER

[OBERGÄRIG, 13,5 °PLATO, 5,2 % ALKOHOL, 25 IBU]

Für dieses dunkle Weizenbier verwendet Rezeptentwickler Tobias Palmer von Ruhrpottbrew eine Reihe von aromatischen Spezialmalzen. Und selbstverständlich spielt auch die Auswahl des Hefestamms für dieses Brauerzeugnis eine wichtige Rolle. Denn was wäre ein Weizenbier ohne die feinen Fruchtester, die bei der Gärung entstehen? Die Hefe sollte bei 20 °C und mehr vergoren werden, wenn du die vollen Bananenaromen magst. Für die Bildung von Phenolen, also den nelkigen Noten, benötigt die Hefe hingegen eine Gärtemperatur von weniger als 20 °C.

Schüttung:

2300 g Weizenmalz (41,1 %)
1500 g Pilsener Malz (26,8 %)
700 g dunkles Karamellmalz Typ II (12,5 %)
280 g Wiener Malz (5 %)
280 g rotes Karamellmalz (5 %)
280 g Klostermalz/Abbey-Malz (5 %)
160 g Röstmalz (2,8 %)
100 g Aroma-Karamellmalz (1,8 %)

HAUPTGUSS: 16 l
NACHGUSS: 14 l

Maischen:

Einmaischen bei 35 °C Wassertemperatur
Eiweißrast bei 52 °C für 10 Minuten
Maltoserast bei 63 °C für 25 Minuten
Verzuckerungsrast bei 72 °C für 25 Minuten
Abmaischen bei 78 °C

Hopfen:

22 g Spalter (4 % Alphasäure) zu Kochbeginn (70 Minuten Kochzeit)
9 g Perle (6 % Alphasäure, 35 Minuten Kochzeit)
21 g Perle (6 % Alphasäure) bei Kochende (0 Minuten Kochzeit)

Hefe:

WB-06

WEIZENBOCK

[OBERGÄRIG, 16 °PLATO, 6,5 % ALKOHOL, 25 IBU]

Wenn dir das dunkle Weizenbier von Tobias Palmer gut schmeckt, dann wirst du bestimmt auch an meinem dunklen Weizenbock deine Freude haben. Richtig gut tut diesem Bier eine längere und kühle Reifephase von 6 bis 8 Wochen. Danach schmeckt es erst richtig rund. Wenn du das Bier also im Herbst trinken möchtest, braue es besser schon im Sommer ein. Der Weizenbock lässt sich übrigens auch wunderbar zum Eisbock weiterverarbeiten. Mehr zu diesem Thema findest du auf der nächsten Seite.

Schüttung:

3300 g Weizenmalz (50,8 %)
2000 g Wiener Malz (30,8 %)
1000 g Münchner Malz (15,4 %)
200 g dunkles Karamellmalz Typ II (3 %)

HAUPTGUSS: 16 l
NACHGUSS: 14 l

Maischen:

Einmaischen bei 35 °C Wassertemperatur
Eiweißrast bei 52 °C für 10 Minuten
Maltoserast bei 63 °C für 35 Minuten
Verzuckerungsrast bei 72 °C für 20 Minuten
Abmaischen bei 78 °C

Hopfen:

20 g Brewers Gold (7 % Alphasäure) zu Kochbeginn (70 Minuten Kochzeit)
25 g Perle (6 % Alphasäure) bei Kochende (0 Minuten Kochzeit)

Hefe:

WB-06

INFO DAS EISBOCKVERFAHREN (DO IT YOURSELF)

Die stärksten Biere der Welt entstehen durch das sogenannte Eisbockverfahren. Auch du hast die Möglichkeit, dein Selbstgebrautes auf ein neues Level zu hieven und deinen Freunden ein völlig anderes Genusserlebnis zu präsentieren. Alles, was du dafür brauchst, ist eine PET-Flasche, ein Eisfach und etwas Geduld.

Es war ein fränkischer Braugeselle, der im Winter 1890 angeblich als Erster in Kulmbach einen Eisbock produzierte. Und das war purer Zufall. Vor einer bitterkalten Nacht hatte der Lehrling eine wichtige Anweisung seines Braumeisters ignoriert: Er hatte keine Lust, die schweren Starkbierfässer in die Brauerei zu holen, sondern ließ sie über Nacht auf dem Hof stehen. Das Bier gefror natürlich, die Fässer platzten und auch die Laune des Meisters war verständlicherweise äußerst eisig, als er am nächsten Morgen das Drama erblickte. Zur Strafe sollte sein Lehrling die Biereisblöcke zerschlagen und die vermutlich ungenießbaren Reste des Biers trinken. Doch im Innern der Blöcke fand der ungehorsame Lehrling stattdessen etwas sehr Wertvolles vor: die Essenz des Biers, eine Art Bierlikör. Denn: Alkohol friert erst bei sehr viel niedrigeren Temperaturen als Wasser. Zurück blieb eine malzig-süße, enorm konzentrierte und damit auch stark alkoholisierte vergorene Bierwürze.

Wenn du das Eisbockverfahren zu Hause nachmachen möchtest, benötigst du lediglich eine leere 1,5-Liter-PET-Flasche, die du mit 1 Liter starkem Bier, zum Beispiel mit selbstgebrautem Bock oder Stout, füllst. Verschließe die Flasche anschließend mit dem Schraubverschluss – und dann ab damit in den Gefrierschrank. Nach 11 bis 12 Stunden sollte das Bier gefroren sein. Nun kannst du die Flasche kopfüber in eine Glaskaraffe oder ein Weizenbierglas stellen (Achtung, die Konstruktion könnte wackelig sein!) und die Essenz des Biers ablaufen lassen.

Nach 10 bis 15 Minuten Auftauzeit solltest du ausreichend Eisbock hergestellt haben. Mehr als die Hälfte der Ausgangsmenge an Bier solltest du aber nicht auftauen lassen, sonst wird dein Eisbock am Ende zu dünn. Das fertige Ergebnis kann dann, je nach Biersorte, durchaus schon einmal 20 % Alkohol haben. Also genieße den selbstgemachten Eisbock am besten in kleinen Mengen und teile mit Freunden.

Du kannst den Vorgang natürlich auch wiederholen und die Konzentration so noch einmal erhöhen. Ob dann aber noch ein genießbarer Tropfen dabei entsteht, wage ich zu bezweifeln.

BELGIAN IPA

[OBERGÄRIG, 15,7 °PLATO, 7 % ALKOHOL, 52 IBU]

Dieses belgische India Pale Ale kombiniert die tropische Fruchtigkeit, die du von amerikanischen hopfenstarken Bieren kennst, mit typischen belgischen Hefearomen. Die Zugabe von braunem Kandiszucker treibt die Stammwürze in die Höhe und hält den Körper des Biers schlank, zudem bereichert er den Geschmack durch ein feines Karamellaroma. Wenn du es fruchtig und pfeffrig magst, wählst du Abbaye Belgian Ale als Hefe. Magst du es eher trocken und stehst auf Farmhouse Ales, dann solltest du auf Belle Saison zurückgreifen.

Schüttung:

5000 g Pale-Ale-Malz (90,9 %)
500 g belgisches Karamellmalz (9,1 %)

HAUPTGUSS: 18 l
NACHGUSS: 12 l

Maischen:

Einmaischen bei 73 °C Wassertemperatur
Kombirast bei 67 °C für 60 Minuten
Abmaischen bei 78 °C

Hopfen:

20 g Chinook (10 % Alphasäure) zur Vorderwürze (70 Minuten Kochzeit)
20 g Galaxy (13 % Alphasäure) und 25 g Mosaic (11 % Alphasäure) bei Kochende (0 Minuten Kochzeit)

AUßERDEM:

500 g brauner Kandiszucker bei Kochende (0 Minuten Kochzeit)

Hefe:

Belle Saison oder Abbaye Belgian Ale

KALTHOPFUNG NACH DER HAUPTGÄRUNG:

40 g Galaxy für 5 Tage
40 g Mosaic für 5 Tage
20 g Chinook für 5 Tage

UTHOKA®
SOMMELIER & BROUWERIJ

TRIPEL

[OBERGÄRIG, 20 °PLATO, 9 % ALKOHOL, 40 IBU]

Uwe Kalms' Tripel ist puristisch und kommt ohne Gewürze oder Zuckerzugabe aus. Die Zielstammwürze von 20 °Plato erreichst du für deinen „Belgian Buddy" aber nur, wenn du nach dem Kochen nicht mehr mit Wasser verdünnst. Dann musst du aber mit weniger Würze vorliebnehmen. Ein höherer Kohlensäuregehalt (6 g/l) ist außerdem charakteristisch für ein belgisches Tripel. Das solltest du bei der Karbonisierung also durchaus berücksichtigen, damit das Bier ein bisschen spritziger daherkommt.

Schüttung:

5250 g Pilsener Malz (72,9 %)
1150 g Münchner Malz (16 %)
750 g Wiener Malz (10,4 %)
50 g dunkles Karamellmalz Typ II (0,7 %)

HAUPTGUSS: 16 l
NACHGUSS: 14 l

Maischen:

Einmaischen bei 55 °C Wassertemperatur
Kombirast bei 69 °C für 45 Minuten
Verzuckerungsrast bei 78 °C für 10 Minuten
Abmaischen bei 78 °C

Hopfen:

Gesamtkochzeit: 90 Minuten
15 g Magnum (13 % Alphasäure, 60 Minuten Kochzeit)
20 g Saazer (3 % Alphasäure, 5 Minuten Kochzeit)
80 g Saazer (3 % Alphasäure) bei Kochende (0 Minuten Kochzeit)

Hefe:

BE-256 oder Abbaye Belgian Ale

QUADRUPEL

[OBERGÄRIG, 19,6 °PLATO, 9,2 % ALKOHOL, 32 IBU]

Ein kräftiger und voller Geschmack, eine dezente Kandiskaramellsüße und natürlich reichlich Umdrehungen: Eigenschaften, für die belgische Starkbiere bekannt sind. Auch wenn dieses Quadrupel trotz seines Namens nicht 4-mal vergoren werden muss, um den stattlichen Alkoholgehalt von über 9 % zu erreichen, bringt es doch alles mit, was Kenner an Abteibieren schätzen. Die Hefe ist wie so oft bei Strong Ales der Schlüssel zum Erfolg. Achte darauf, dass es während der Gärung nicht zu kalt ist. Nur so schmeckt dein Quad hinterher typisch belgisch. Und lass es ruhig ein wenig länger reifen.

Schüttung:

4300 g Wiener Malz (61,4 %)
2200 g Klostermalz/Abbey-Malz (31,4 %)
500 g belgisches Karamellmalz (7,2 %)

HAUPTGUSS: 16 l
NACHGUSS: 14 l

Maischen:

Einmaischen bei 75 °C Wassertemperatur
Kombirast bei 67 °C für 60 bis 70 Minuten
Abmaischen bei 78 °C

Hopfen:

50 g Brewers Gold (7 % Alphasäure) zur Vorderwürze (70 Minuten Kochzeit)

AUßERDEM:

500 g brauner Kandiszucker bei Kochende (0 Minuten Kochzeit)

Hefe:

Abbaye Belgian Ale

SCHWARZES WITBIER

[OBERGÄRIG, 11,2 °PLATO, 4,5 % ALKOHOL, 15 IBU]

Total lecker, aber auf den ersten Blick auch total widersprüchlich: das schwarze Witbier. Das fruchtige und frische belgische Weißbier wird hier mit dunklen Röstnoten komplett auf den Kopf gestellt. Koriandersaat und Orangenschalen sind typisch für die klassische Variante, Sternanis ergänzt noch diese dunkle Version und lässt einen weihnachtlichen Gruß da. Wenn du noch wilder experimentieren willst: Süßholz oder Zimt kann ich mir als weitere winterliche Zutaten in diesem Bier durchaus auch gut vorstellen.

Schüttung:

2500 g Pilsener Malz (52,6 %)
2000 g helles Weizenmalz (42,1 %)
250 g Röstmalz (5,3 %)

HAUPTGUSS: 18 l
NACHGUSS: 12 l

Maischen:

Einmaischen bei 72 °C Wassertemperatur
Kombirast bei 67 °C für 60 Minuten
Abmaischen bei 78 °C

Hopfen:

15 g Hallertauer Tradition (5 % Alphasäure) zur Vorderwürze (70 Minuten Kochzeit)
28 g Hallertauer Mittelfrüh (3 % Alphasäure) bei Kochende (0 Minuten Kochzeit)

AUßERDEM:
20 g Koriandersaat (zerstoßen)
30 g Orangenschale (unbehandelt)
4 g Sternanis
(Gewürze im Kräuter-/Hopfensäckchen, 10 Minuten Kochzeit)

Hefe:

Classic Belgian Witbier (CBW)

MILD ALE

[OBERGÄRIG, 9,5 °PLATO, 3,5 % ALKOHOL, 20 IBU]

Das Mild Ale ist das Session Ale des Briten: Es lässt sich über den Abend verteilt auch in größeren Mengen konsumieren. Urheber dieses Rezepts ist Henrik Stöppler vom Brauhaus Zils. Seine Mild-Version hat den typisch süßlichen Malzkörper, der durch die ausgedehnte Verzuckerungsrast entsteht. Auf eine eigene Maltoserast wird verzichtet, um den Alkoholgehalt gering zu halten. Nach dem Einmaischen heißt es Aufheizen und Rühren. Und das dauert. Am besten lädst du dir ein paar Freunde als Rührhilfen ein. Erfahrungsgemäß lassen die sich auch gut in flüssigen Naturalien bezahlen.

Schüttung:

3450 g Pilsener Malz (90,8 %)
350 g Münchner Malz (9,2 %)
80 g Röstgerste (unvermälzt, optional; Zugabe erst nach der Verzuckerungsrast)

HAUPTGUSS: 18 l
NACHGUSS: 12 l

Maischen:

Einmaischen bei 35 °C Wassertemperatur
Verzuckerungsrast bei 72 °C für 30 Minuten
Abmaischen bei 78 °C

Hopfen:

Gesamtkochzeit: 80 Minuten
10 g Fuggles (4 % Alphasäure) zur Vorderwürze (50 Minuten Kochzeit)
10 g East Kent Golding (5 % Alphasäure) bei Kochende (30 Minuten Kochzeit)
20 g East Kent Golding (5 % Alphasäure) bei Kochende (0 Minuten Kochzeit)

Hefe:

#1318 London Ale oder Nottingham Ale

INFO SPRINGMAISCHVERFAHREN

Brauer Henrik empfiehlt außerdem: Um 72 °C schneller zu erreichen und die Maltoserast mehr oder minder komplett zu überspringen, ist statt langwierigem Aufheizen auch ein Zubrühen mit kochendem Wasser möglich. Für dieses sogenannte Springmaischverfahren solltest du dicker einmaischen und das kochende Wasser von der Hauptgussmenge abziehen. Tools im Netz helfen bei der richtigen Mengenberechnung.

IRISH STOUT

[OBERGÄRIG, 12 °PLATO, 5 % ALKOHOL, 33 IBU]

Häufig werde ich nach einem Klon-Rezept für das bekannteste irische Stout gefragt. Wie du sicher schon gelesen hast, bin ich kein Freund vom Kopieren kommerziell erfolgreicher Biere, weil die Erwartungshaltung beim Heimbrauer im Vorfeld oft mindestens so groß ist wie die Enttäuschung nach dem ersten Verkosten. Wie das Original schmeckt es nämlich nie. Dieses Irish Stout geht zumindest in die richtige Richtung: Das Spezialmalz Maris Otter bringt einen nussigen Geschmack ins Bier, die unvermälzte Röstgerste ergänzt diesen durch eine dezent rauchige Röstnote. Die Haferflocken erhöhen die Schaumstabilität.

Schüttung:

4400 g Pale-Ale-Malz oder Maris Otter (84,6 %)
400 g Haferflocken (7,7 %)
400 g Röstgerste (unvermälzt; 7,7 %)

HAUPTGUSS: 16 l
NACHGUSS: 14 l

Maischen:

Einmaischen bei 72 °C Wassertemperatur
Kombirast bei 66/67 °C für 60 Minuten
Abmaischen bei 78 °C

Hopfen:

55 g East Kent Golding (5 % Alphasäure) zur Vorderwürze (60 Minuten Kochzeit)

Hefe:

#1084 Irish Ale oder Nottingham Ale

INFO DER PERFEKTE SCHAUM

Dass dieses eine berühmte irische Stout übrigens eine so stabile Schaumkrone besitzt, liegt insbesondere daran, dass es in den Pubs mit Stickstoff gezapft wird. Im Gegensatz zur Kohlensäure löst sich Stickstoff nicht so gut im Bier. Das hat zur Folge, dass sich der Schaum langsamer aufbaut, cremiger aussieht und auch noch weitaus länger hält als bei Bieren, die mit Kohlensäure versetzt werden.

IRISH RED ALE

[OBERGÄRIG, 12 °PLATO, 5 % ALKOHOL, 22 IBU]

Noch ein bekanntes Bier aus dem irischen Raum, das auch hierzulande gerne in Pubs getrunken wird, ist das irische Red Ale. Es ist weitaus milder und weniger röstig als das Irish Stout. Eine engere Verwandtschaft besteht zum Pale Ale, wenngleich die Irish Reds – wie der Name schon sagt – farblich eher Rot- bis Brauntöne aufweisen und aufgrund ihres kräftigeren Malzkörpers oft etwas süßlicher und damit auch süffiger daherkommen.

Schüttung:

4000 g Pale-Ale-Malz oder Maris Otter (82 %)
600 g rotes Karamellmalz (12,3 %)
200 g Haferflocken (4,1 %)
80 g Röstgerste (unvermälzt; 1,6 %)

HAUPTGUSS: 18 l
NACHGUSS: 12 l

Maischen:

Einmaischen bei 72 °C Wassertemperatur
Kombirast bei 66/67 °C für 60 Minuten
Abmaischen bei 78 °C

Hopfen:

35 g Golding (5 % Alphasäure) zur Vorderwürze (60 Minuten Kochzeit)

Hefe:

#1084 Irish Ale oder Nottingham Ale

SCOTCH ALE

[OBERGÄRIG, 15 °PLATO, 6 % ALKOHOL, 25 IBU]

Eine dominante Malzigkeit gepaart mit einer deutlichen Karamellsüße, absolut vollmundig, Hopfen- und Hefearomen bleiben im Hintergrund, so kann der Bierstil Scotch Ale definiert werden. „Wee Heavy“ nennt der Schotte dieses Bier, „ein bisschen stark“ soll es laut Übersetzung also sein – stärker jedenfalls als viele andere Biere aus dem Vereinigten Königreich. Umgangssprachlich bedeutet „to wee“ aber auch „Pipi machen“. Möglicherweise rührt der Name also auch daher, dass der abendliche Genuss dieses Biers den Konsumenten häufiger mal zur Toilette führt.

Schüttung:

5100 g Pale-Ale-Malz oder
Maris Otter (83,6 %)
500 g Biskuitmalz (8,2 %)
500 g Melanoidinmalz (8,2 %)

HAUPTGUSS: 18 l
NACHGUSS: 12 l

Maischen:

Einmaischen bei 75/76 °C Wassertemperatur
Kombirast bei 68/69 °C für 60 Minuten
Abmaischen bei 78 °C

Hopfen:

25 g Target (9 % Alphasäure) zur Vorderwürze (60 Minuten Kochzeit)

Hefe:

#1728 Scottish Ale oder S-33

TIPP WEE HEAVY MIT ECHTEM SCOTCH-CHARAKTER

Obwohl es naheliegend wäre, wird für schottisches Starkbier nicht zwangsläufig über Torf gedarrtes Malz verwendet. Wenn du Lust darauf hast, kannst du deinem Scotch Ale aber mit zusätzlich 200 g Torfrauchmalz in der Maische eine Note verleihen, die an Peated Whisky erinnert.

BARLEYWINE

[OBERGÄRIG, 17,6 °PLATO, 8 % ALKOHOL, 50 IBU]

Wenn dir die üblichen 6 Wochen Reifezeit für Selbstgebrautes schon zu lange dauern, solltest du jetzt direkt zum nächsten Rezept weiterblättern. Denn Barleywine ist nur etwas für Heimbrauer, die viel Geduld mitbringen. 6 bis 9 Monate braucht dieses englische Starkbier mindestens für die Reifung, erst dann ist dieses Schwergewicht wirklich rund und ein voller Genuss. Der Gerstenwein war einstmals die Antwort der englischen Brauer auf die allerseits beliebten französischen Rotweine und wird heutzutage auch gerne mit amerikanischem Aromahopfen modern interpretiert.

Schüttung:

6700 g Maris Otter (93,1 %)
500 g dunkles Karamellmalz (6,9 %)

HAUPTGUSS: 16 l
NACHGUSS: 14 l

Maischen:

Einmaischen bei 75 °C Wassertemperatur
Kombirast bei 66/67 °C für 60 bis 70 Minuten
Abmaischen bei 78 °C

Hopfen:

25 g Chinook (10 % Alphasäure) zur Vorderwürze (70 Minuten Kochzeit)
25 g Challenger (6 % Alphasäure, 30 Minuten Kochzeit)
40 g Bramling Cross (5 % Alphasäure) zum Kochende (0 Minuten Kochzeit)

Hefe:

Nottingham Ale

Beckmanns BRAUMISCHUNG

CALIFORNIA COMMON

[UNTERGÄRIG, 13 °PLATO, 5,5 % ALKOHOL, 35 IBU]

Als langjähriger Heimbrauer hat Lukas Beckmann schon viele Rezepte ausprobiert. Dieses California Common kommt seines Erachtens sehr nah an den bekanntesten Vertreter dieses Stils, das Steam Beer aus San Francisco, heran. Typisch ist die Verwendung untergäriger Hefe, die aus historischen Gründen bei 19 °C vergoren wird und so den Geschmack des fertigen Biers eher in Richtung Ale lenkt. Du kannst übrigens alle Zutaten für dieses Rezept auch direkt als fertige Braumischung bei Lukas im Shop unter braumischung.de bestellen.

Schüttung:

3900 g Pilsener Malz (75 %)
570 g Münchner Malz (11 %)
470 g dunkles Karamellmalz Typ II (9 %)
260 g Biskuitmalz (5 %)

HAUPTGUSS: 17 l
NACHGUSS: 13 l

Maischen:

Einmaischen bei 72 °C Wassertemperatur
Kombirast bei 66 °C für 60 Minuten
Abmaischen bei 78 °C

Hopfen:

12 g Northern Brewer (8 % Alphasäure) zur Vorderwürze (60 Minuten Kochzeit)
17 g Northern Brewer (8 % Alphasäure, 30 Minuten Kochzeit)
17 g Northern Brewer (8 % Alphasäure) bei Kochende (0 Minuten Kochzeit)

Hefe:

M54 Californian Lager

EVERYDAY IPA

[OBERGÄRIG, 13,9 °PLATO, 5,9 % ALKOHOL, 45 IBU]

Das Super Ale von den Superfreunden ist ein IPA für jeden Tag: unaufgeregt und trotzdem nicht langweilig. Die fünf verwendeten Hopfensorten verleihen dem Bier eine feine Balance aus Würzigkeit und Zitrusnoten. Es ist ein wenig bitterer und alkoholstärker als das gewöhnliche Feierabendbier, aber überfordert dich auch nicht – ein echtes Everyday IPA eben, von dem du abends auch eins mehr trinken kannst, wenn dir danach der Sinn steht.

Schüttung:

4450 g Pilsener Malz (79,5 %)
1150 g Bernstein-Karamellmalz (20,5 %)

HAUPTGUSS: 18 l
NACHGUSS: 12 l

Maischen:

Einmaischen bei 72 °C Wassertemperatur
Kombirast bei 66 °C für 60 Minuten
Abmaischen bei 78 °C

Hopfen:

22 g Columbus (15 % Alphasäure) zur Vorderwürze (60 Minuten Kochzeit)
17 g Pilgrim (8 % Alphasäure) bei Kochende (0 Minuten Kochzeit)

Hefe:

US-05

KALTHOPFUNG NACH DER HAUPTGÄRUNG:

30 g Cascade für 5 Tage
50 g Centennial für 5 Tage
40 g Styrian Gold für 5 Tage

AMERICAN WHEAT ALE

[OBERGÄRIG, 12,5 °PLATO, 5 % ALKOHOL, 27 IBU]

Im Gegensatz zu ihrer bayrischen Verwandtschaft bringen amerikanische Weizenbiere keine Bananenaromen mit. Auch phenolische Noten, die an Nelke erinnern, sind nicht erwünscht. Wheat Ales ähneln in ihrer leichten und spritzigen Art eher den belgischen Witbieren als den Weißbieren aus Bayern. Statt Hefe- überwiegen hier die Hopfenaromen, wenngleich sie nicht so intensiv auftreten wie in manchen amerikanischen Pale Ales und IPAs. Die Kalthopfung im Anschluss an die Gärung ist kein Muss, steigert aber den fruchtigen Charakter dieses Biers.

Schüttung:

2500 g Pale-Ale-Malz (50 %)
2250 g helles Weizenmalz (45 %)
250 g helles Karamellmalz (5 %)

HAUPTGUSS: 18 l
NACHGUSS: 12 l

Maischen:

Einmaischen bei 73 °C Wassertemperatur
Kombirast bei 67 °C für 60 Minuten
Abmaischen bei 78 °C

Hopfen:

8 g Centennial (9 % Alphasäure) und 8 g Comet (8 % Alphasäure) zur Vorderwürze (60 Minuten Kochzeit)
10 g Centennial (9 % Alphasäure) und 10 g Comet (8 % Alphasäure) bei Kochende (0 Minuten Kochzeit)

Hefe:

US-05

KALTHOPFUNG NACH DER HAUPTGÄRUNG [OPTIONAL]:
20 g Centennial für 5 Tage
20 g Comet für 5 Tage

SCHLOSS ROMROD

ATELIER DER BRAUKÜNSTE

MOSAIC DDH IPA

[OBERGÄRIG, 15 °PLATO, 7 % ALKOHOL, 50 IBU]

DDH steht für „double dry-hopped“. Dieses IPA wird mit doppelter Menge kaltgehopft und zwar noch während der Gärung, wodurch ein noch komplexeres Hopfenaroma erzielt wird. Die aktive Hefe kann nämlich in dieser Phase einige Hopfeninhaltsstoffe umwandeln. Das in der Hopfensorte Mosaic enthaltene Geraniol (blumig) wird durch die Biotransformation der Hefe zum Beispiel zu Betacitronalol (zitronig). So entsteht eine richtige Hopfenbombe, nach einem Rezept von Nico Döring vom Atelier der Braukünste.

Schüttung:

5000 g Pale-Ale-Malz (80 %)
550 g Haferflocken (8,8 %)
305 g Karamell-Pils (4,9 %)
250 g helles Karamellmalz (4 %)
90 g Melanoidinmalz (1,3 %)
60 g dunkles Karamellmalz Typ II (1 %)

HAUPTGUSS: 18 l
NACHGUSS: 12 l

Maischen:

Einmaischen bei 56 °C Wassertemperatur
Kombirast bei 68 °C für 45 Minuten
Verzuckerungsrast bei 73 °C für 15 Minuten
Abmaischen bei 78 °C

Hopfen:

12 g Mosaic (11 % Alphasäure) bei Kochbeginn (60 Minuten Kochzeit)
8 g Mosaic (11 % Alphasäure, 30 Minuten Kochzeit)
12 g Mosaic (11 % Alphasäure, 15 Minuten Kochzeit)
12 g Mosaic (11 % Alphasäure, 5 Minuten Kochzeit)
40 g Mosaic (11 % Alphasäure, 1 Minuten Kochzeit)
60 g Mosaic (11 % Alphasäure) bei Kochende (0 Minuten Kochzeit)

Hefe:

US-05 oder Vermont Ale

KALTHOPFUNG WÄHREND DER HAUPTGÄRUNG:

20 g Mosaic (circa 1 Tag nach Hefegabe)
120 g Mosaic für circa 6 Tage (ungefähr nach dem Hochkräusenstadium)

KALTHOPFUNG NACH DER HAUPTGÄRUNG:

120 g Mosaic für 4 Tage

TIPP HOPFEN MUSS SCHWIMMEN

Brauer Nico befürwortet das Stopfen ohne Hopfensäckchen. Der Hopfen sollte lose im Gärbottich schwimmen, damit er seine volle Aromatik an das Jungbier abgibt. Im schlimmsten Fall droht ein Ausbeuteverlust von bis zu 50 %. Vor dem Abfüllen solltest du dann mit Filter in ein anderes Gefäß umschlauchen, damit möglichst keine Hopfenpartikel in die Flasche gelangen. Ebenfalls empfehlenswert: die Cold-Crash-Methode (mehr dazu findest du im Vorgängerband „Noch mehr Craft-Bier selber brauen“).

DOUBLE IPA

[OBERGÄRIG, 17 °PLATO, 7,5 % ALKOHOL, 70 IBU]

Double IPAs mögen nicht exakt doppelt so stark wie klassische India Pale Ales sein. Trotzdem hat man nach dem Genuss einer Flasche oftmals das Gefühl, man habe schon mindestens zwei davon intus. Mit stattlichen 70 Bittereinheiten und kräftigen 7,5 Umdrehungen ist auch dieses Double IPA ein echtes Schwergewicht, das nur in Maßen genossen werden sollte. Die vorrangig harzig-würzigen und nur geringfügig zitrusfrischen Hopfennoten dürften für manchen Bierfreund eine besondere Herausforderung sein. Anders als bei „normalen" IPAs gilt hier aber: Nicht zu früh zu viel erwarten, denn 2 bis 3 Monate Reifezeit tun diesem Ale überraschend gut.

Schüttung:

6500 g Pale-Ale-Malz oder Wiener Malz (92,9 %)
500 g Bernstein- oder rotes Karamellmalz (7,1 %)

HAUPTGUSS: 16 l
NACHGUSS: 14 l

Maischen:

Einmaischen bei 75 °C Wassertemperatur
Kombirast bei 66/67 °C für 70 Minuten
Abmaischen bei 78 °C

Hopfen:

18 g Columbus (11 % Alphasäure) und 18 g Chinook (10 % Alphasäure) zur Vorderwürze (70 Minuten Kochzeit)
15 g Columbus (11 % Alphasäure), 15 g Chinook (10 % Alphasäure) und 25 g Willamette (4 % Alphasäure) bei Kochende (0 Minuten Kochzeit)

Hefe:

US-05

KALTHOPFUNG NACH DER HAUPTGÄRUNG:
40 g Columbus für 5 Tage
40 g Chinook für 5 Tage
40 g Willamette für 5 Tage

TRIPLE IPA

[OBERGÄRIG, 20 °PLATO, 10 % ALKOHOL, 80 IBU]

Der „Ralphator", gebraut von der Kraftbierwerkstatt und Ingo Mutterer im Brauhaus Rössle in Neubulach, ist mit 10 % Alkohol wohl das, was man ein Triple IPA nennen kann. Das Bier entstand im Frühjahr 2018 im Rahmen der Aktion „Ales for ALS" und wurde ursprünglich mit einem frischen Hop-Blend aus den USA eingebraut, der in Deutschland nicht zu bekommen ist. Die hierzulande jedoch gut erhältliche Hopfenmischung Falconer's Flight dient beim Nachbrauen als sinnvolle Alternative.

Schüttung:

5100 g BEST Red X® (70,8 %)
2100 g Pilsener Malz (29,2 %)

HAUPTGUSS: 16 l
NACHGUSS: 10 bis 12 l

Maischen:

Einmaischen bei 75 °C Wassertemperatur
Maltose-/Kombirast bei 65 °C für 70 Minuten
Verzuckerungsrast bei 72 °C für 20 Minuten
Abmaischen bei 78 °C

Hopfen:

35 g Falconer's Flight (11 % Alphasäure) bei Kochbeginn (80 Minuten Kochzeit)
65 g Falconer's Flight (11 % Alphasäure) bei Kochende (0 Minuten Kochzeit)

Hefe:

US-05

KALTHOPFUNG NACH DER HAUPTGÄRUNG:
100 g Falconer's Flight für 5 Tage

INFO WAS STECKT HINTER DEM RALPHATOR?

Die Kraftbierwerkstatt hat ihren Sitz im beschaulichen Böblingen, ganz in der Nähe von Stuttgart, und versteht sich als Gypsy-Brauerei. Hinter dem Projekt stehen der Gründer und Geschäftsführer Olly Koblenzer, Rasmus Muttscheller und Vathana Thorn. Alle drei sind keine gelernten Brauer und Mälzer, aber leben in der Kraftbierwerkstatt ihre jeweiligen Träume, Werte und Ansprüche aus.

Ihr Beitrag zur Rezeptdatenbank ist der „Ralphator", ein außergewöhnliches Bier. Nicht nur, weil dieses Starkbier mit 10 % ein würdiger Vertreter der Kategorie Triple IPA ist. Doch hinter dem „Ralphator" steckt noch viel mehr.

Der Namensgeber dieses Biers war Ralph Hermann, ein guter Freund der Kraftbierwerkstatt. Ralph erkrankte 2017 an der Nervenkrankheit Amyotrophe Lateralsklerose, auch als ALS bekannt. Ein letztes Mal wollte er in die Staaten reisen und dort ausgefallene Biere genießen. An der Westküste erfuhr er in einer kleinen Brauerei von der Aktion „Ales for ALS", einem Spendenprogramm des ALS Therapy Development Institute in Cambridge, Massachusetts, und informierte kurz darauf Vathana und Olly davon. Beide waren von der Idee begeistert, ein eigenes „Ale for ALS" zu brauen und so einen Beitrag zur guten Sache leisten zu können.

Die Rezeptur für das Bier wurde mit Ralph abgesprochen, der Hopfen kam sogar direkt aus den USA. Die Hopfenanbauer stellten den an der Aktion teilnehmenden Brauereien unentgeltlich eine äußerst aromatische Hopfenmischung zur Verfügung. Für den „Ralphator" wurde ein Blend aus Ekuanot, Simcoe, der hierzulande kaum erhältlichen Sorte Loral und vier unterschiedlichen Neuzüchtungen verwendet. 400 Liter India Pale Ale kamen am Ende dabei heraus. Der Einmalsud wurde nur auf wenigen Festivals ausgeschenkt, von jedem verkauften Glas ging mindestens 1 Dollar in die ALS-Forschung.

CASCADIAN DARK ALE

[OBERGÄRIG, 13 °PLATO, 5,5 % ALKOHOL, 35 IBU]

Glaubst du, dass sich röstige, nussige, sogar schokoladige Aromen nicht mit einer fruchtigen Hopfennote vertragen? Weit gefehlt! Beim Genuss dieses Cascadian Dark Ales muss zumindest ich immer an die schokoladigen Erfrischungsstäbchen denken. Auf die Kalthopfung nach Gärende solltest du auf gar keinen Fall verzichten. Sie gibt dem Bier erst den letzten Schliff. Sollte Cascade-Hopfen beim Händler deines Vertrauens vergriffen sein, kannst du auch auf andere C-Hopfen wie Citra, Centennial oder Chinook zurückgreifen.

Schüttung:

5000 g Pale-Ale-Malz (92,6 %)
200 g dunkles Karamellmalz (3,7 %)
200 g Röstmalz (3,7 %)

HAUPTGUSS: 18 l
NACHGUSS: 12 l

Maischen:

Einmaischen bei 73 °C Wassertemperatur
Kombirast bei 67 °C für 60 Minuten
Abmaischen bei 78 °C

Hopfen:

30 g Cascade (6 % Alphasäure) zur Vorderwürze (60 Minuten Kochzeit)
40 g Cascade (6 % Alphasäure) bei Kochende (0 Minuten Kochzeit)

Hefe:

US-05 oder S-04

KALTHOPFUNG NACH DER HAUPTGÄRUNG:
30 g Cascade für 5 Tage

Beckmanns BRAUMISCHUNG

AMERICANO STOUT

[OBERGÄRIG, 15 °PLATO, 6,2 % ALKOHOL, 49 IBU]

Lukas Beckmann hat hier etwas Wunderbares kreiert: ein tiefschwarzes Ale, trocken und bitter-röstig, das an irische Stouts erinnert, kombiniert mit einer deutlichen Hopfenaromatik, insbesondere geprägt durch die Ausgewogenheit des amerikanischen Amarillo-Hopfens, blumig und fruchtig zugleich. Wenn das Cascadian Dark Ale nach deinem Geschmack war, wird dich das Americano Stout sicher ebenso begeistern. Du kannst übrigens alle Zutaten für dieses Rezept auch direkt als fertige Braumischung bei Lukas im Shop unter braumischung.de bestellen.

Schüttung:

5300 g Pale-Ale-Malz (86,9 %)
400 g englisches Amber-Malz (6,6 %)
250 g englisches Black-Malz (4,1 %)
150 g Röstmalz Typ II (2,4 %)

HAUPTGUSS: 18 l
NACHGUSS: 12 l

Maischen:

Einmaischen bei 73 °C Wassertemperatur
Kombirast bei 66 °C für 60 Minuten
Abmaischen bei 78 °C

Hopfen:

20 g Chinook (10 % Alphasäure) zur Vorderwürze (70 Minuten Kochzeit)
20 g Amarillo (8 % Alphasäure, 10 Minuten Kochzeit)
30 g Amarillo (8 % Alphasäure) bei Kochende (0 Minuten Kochzeit)

Hefe:

M44 US West Coast oder US-05

PUMPKIN ALE

[OBERGÄRIG, 14,5 °PLATO, 6,5 % ALKOHOL, 30 IBU]

Daniel Thombansen braut in Lippstadt nun schon seit einiger Zeit eine würzige Spätsommererfrischung mit Hokkaidokürbis ein. Für dieses Pumpkin Ale bedarf es allerdings etwas mehr Arbeitsaufwand: Der Kürbis muss vorher zunächst geviertelt, entkernt und im Backofen oder auf dem Grill angeröstet werden, bis er weich wird. Danach solltest du den Hokkaido noch pürieren, bevor du ihn mit dem Malz zusammen einmaischst. Achtung beim Läutern: Hier musst du besonders geduldig sein. All der Aufwand lohnt sich aber. Versprochen! Empfohlene Reifezeit: 4 Wochen.

Schüttung:

4000 g Pilsener Malz (70,2 %)
1700 g Münchner Malz (29,8 %)

AUßERDEM:
1000 g Hokkaidokürbis als Püree

HAUPTGUSS: 16 l
NACHGUSS: 14 l

Maischen:

Einmaischen bei 58 °C Wassertemperatur
Eiweißrast bei 58 °C für 5 Minuten
Maltoserast bei 61 °C für 20 Minuten
Kombirast bei 68 °C für 10 Minuten
Verzuckerungsrast bei 72 °C für 20 Minuten
Abmaischen bei 78 °C

Hopfen:

Gesamtkochzeit: 70 Minuten
50 g Perle (5 % Alphasäure, 60 Minuten Kochzeit)

AUßERDEM:
200 g brauner Zucker
6 g Nelken
10 g Vanille
3 Zimtstangen
1 Msp. Muskat
(Gewürze im Kräuter-/Hopfensäckchen) bei Kochende (0 Minuten Kochzeit)

Hefe:

Nottingham Ale

Brixton
MFG. COMPANY

CUCUMBER ALE

[OBERGÄRIG, 12,5 °PLATO, 5 % ALKOHOL, 25 IBU]

Erst spät entdeckte ich Gin und Tonic für mich. Gurke geht stets im Dreiklang damit einher. Als Heimbrauer kommt man auf die sonderbarsten Ideen und eine davon war plötzlich das Cucumber Ale. Die an grüne Paprika und Wassermelone erinnernden Aromen der Hopfensorte Ekuanot passen hervorragend in dieses leichte spritzige Sommerbier, das erst nach der Gärung mit der Schlangengurke in Kontakt kommt. Hier wird also „kaltgegurkt“ – oder „gurkengestopft“. Ganz wie man's nennen mag. Laut Freundeskreis schmeckt das Bier auch als Biercocktail anstelle von Tonic Water mit Gin.

Schüttung:

3200 g Pilsener Malz (64 %)
1300 g helles Weizenmalz (26 %)
500 g helles Karamellmalz (10 %)

HAUPTGUSS: 18 l
NACHGUSS: 12 l

Maischen:

Einmaischen bei 72 °C Wassertemperatur
Kombirast bei 67 °C für 60 Minuten
Abmaischen bei 78 °C

Hopfen:

8 g Ekuanot (13 % Alphasäure) zur Vorderwürze (70 Minuten Kochzeit)
15 g Ekuanot (13 % Alphasäure) bei Kochende (0 Minuten Kochzeit)

Hefe:

Nottingham Ale

KALTHOPFUNG NACH DER HAUPTGÄRUNG:
50 g Ekuanot für 5 Tage

NACH DER HAUPTGÄRUNG:
1000 g Salatgurke (Bioqualität, ungeschält) in Scheiben geschnitten für 5 Tage

MELONENWEIZEN

[OBERGÄRIG, 12,5 °PLATO, 5 % ALKOHOL, 20 IBU]

Die charakteristischen Aromen der Hopfensorte Hüll Melon erinnern – wer hätte es bei dem Namen anders erwartet? – stark an Honigmelone. Da lag es förmlich auf der Hand, diese Sorte in einem Bier auch mit echter Melone zu paaren. Ein helles Selbstgebrautes mit hohem Weizenanteil und eher schlankem Charakter, mehr Witbier als klassisches Weißbier, schafft es, den Geschmack der Melone ins richtige Licht zu rücken. Die Wahl der Melonensorte erfolgt nach Belieben, wenngleich sich die hocharomatischen Honig- und Galiamelonen hierfür besser eignen als schlichte Wassermelonen.

Schüttung:

2250 g Pilsener Malz (45 %)
2250 g helles Weizenmalz (45 %)
500 g helles Karamellmalz (10 %)

HAUPTGUSS: 18 l
NACHGUSS: 12 l

Maischen:

Einmaischen bei 72 °C Wassertemperatur
Kombirast bei 67 °C für 60 Minuten
Abmaischen bei 78 °C

Hopfen:

12 g Hüll Melon (6 % Alphasäure) zur Vorderwürze (70 Minuten Kochzeit)
30 g Hüll Melon (6 % Alphasäure) bei Kochende (0 Minuten Kochzeit)

AUßERDEM:

2000 g Melonenpüree (10 Minuten Kochzeit oder vor der Gärung, zum Beispiel tiefgefroren, siehe TIPP)

Hefe:

Classic Belgian Witbier (CBW) oder Colonia F.; Munich Classic (wenn du eher klassische Weizenbiere bevorzugst)

KALTHOPFUNG NACH DER HAUPTGÄRUNG:

50 g Hüll Melon für 5 Tage

TIPP DER TRICK MIT DEM GEFRORENEN PÜREE

Wenn du Obst mitvergären möchtest, kannst du es vorab pürieren und einfrieren. Nach dem Hopfenkochen kannst du die tiefgefrorenen, pürierten Früchte in den Gärbottich vorlegen, damit die Bierwürze anschließend rascher abkühlt. Außerdem tötest du so auch wilde Hefen ab, die möglicherweise auf der Obstschale sitzen. Darüber hinaus kann die Hefe durch das Pürieren später auch einfacher die Fruktose verstoffwechseln.

FENCH ALE

[OBERGÄRIG, 14,2 °PLATO, 6 % ALKOHOL, 35 IBU]

Aus Kolja Giglas Rezeptarchiv stammt diese verrückt anmutende Pale-Ale-Variante mit Fenchelsaat. Noch gehört diese Kreation nicht zum Standardsortiment von Koljas Hannoveraner Brauerei Mashsee. Doch was nicht ist, kann ja noch werden. In der deutschen Kreativbierszene sucht man Brauerzeugnisse mit dieser ausgefallenen Zutat jedenfalls vergebens. Die eher dezenten süßlichen Gewürzaromen verschieben sich mit längerer Lagerdauer übrigens noch in Richtung Fenchelhonig.

Schüttung:

3480 g Pilsener Malz (60 %)
1160 g Münchner Malz (20 %)
930 g helles Karamellmalz (16 %)
230 g Sauermalz (4 %)

HAUPTGUSS: 18 l
NACHGUSS: 12 l

Maischen:

Einmaischen bei 55 °C Wassertemperatur
Maltoserast bei 63 °C für 15 Minuten
Kombirast bei 67 °C für 75 Minuten
Abmaischen bei 78 °C

Hopfen:

22 g Fuggles (4 % Alphasäure) zur Vorderwürze (70 Minuten Kochzeit)
35 g Kazbek (6 % Alphasäure) und
17 g Admiral (13 % Alphasäure) bei Kochende (0 Minuten Kochzeit)

AUßERDEM:
20 g Fenchelsaat (grün, grob gemörsert) bei Kochende (0 Minuten Kochzeit)

Hefe:

US-05

FLÜGGE

RYE PALE ALE

[OBERGÄRIG, 11,5 °PLATO, 4,5 % ALKOHOL, 32 IBU]

Das würzig-spritzige Rye Pale Ale namens „Flinn“ von Flügge aus Frankfurt ist ein Durstlöscher auf Roggenbasis. Die Gummirast solltest du beim Maischen auf keinen Fall überspringen. Denn nur bei circa 38 °C Rasttemperatur werden die Klebeeiweiße aus dem Roggenmalz abgebaut, die sonst das Läutern deutlich erschweren würden. Die verwendete Kveik-Hefe stammt aus Norwegen und bringt, wenn sie richtig warm vergoren wird, einen bunten Obstkorb an Aromen mit ins Bier.

Schüttung:

1800 g Pale-Ale-Malz (39,1 %)
1500 g Roggenmalz (32,6 %)
1000 g Wiener Malz (21,7 %)
200 g Sauermalz (4,4 %)
100 g Melanoidinmalz (2,2 %)

HAUPTGUSS: 18 l
NACHGUSS: 12 l

Maischen:

Einmaischen bei 40 °C Wassertemperatur
Glukanase-/Gummirast bei 38 °C für 30 Minuten
Eiweißrast bei 52 °C für 15 Minuten
Maltoserast bei 64 °C für 60 Minuten
Abmaischen bei 78 °C

Hopfen:

8 g Columbus (15 % Alphasäure) bei Kochbeginn (60 Minuten Kochzeit)
40 g Cascade (6 % Alphasäure) bei Kochende (0 Minuten Kochzeit)

Hefe:

Sigmund's Voss Kveik bei 35 °C, Vergärung aber auch bei Zimmertemperatur möglich

INFO SCHNELL, SCHNELLER, KVEIK

Was Kveik-Hefen aus Heimbrauersicht besonders attraktiv macht, ist neben der hohen Alkoholtoleranz auch die frühe Trinkreife, die mit Kveik vergorene Biere oft schon kurz nach der Gärung erreicht haben. Außerdem verläuft die Fermentation sehr schnell ab: Bereits 30 Minuten nach dem Anstellen der Hefe ist eine deutliche Gäraktivität zu erkennen. Das Ende der Gärung ist oft schon nach 1,5 bis 2 Tagen erreicht.

BASILIKUM-WITBIER

[OBERGÄRIG, 11,2 °PLATO, 4,5 % ALKOHOL, 15 IBU]

Zugegeben, Witbiere trinke ich wirklich sehr gerne. Vor allem im Sommer mag ich sie als alkoholarme und spritzige Erfrischung. Traditionellerweise brauen die Belgier ihre Witbiere mit Weizenrohfrucht ein. Da ich aber gerne mit Traditionen breche, ist für diese Kreation nicht nur vermälzter Weizen in Ordnung, ich verzichte zudem auf Koriander und Orangenschalen und setze stattdessen auf Basilikum als neue reinheitsgebotsverbrecherische Zutat. Ein irres Aroma ist das Resultat, das besonders intensiv wird, wenn ein kleinerer Teil des Basilikums bei Kochende zur Würze und ein größerer Teil nach der Gärung für 3 Tage ins Jungbier gegeben wird.

Schüttung:

2500 g Pilsener Malz (55,6 %)
2000 g helles Weizenmalz (45,5 %)

HAUPTGUSS: 18 l
NACHGUSS: 12 l

Maischen:

Einmaischen bei 72 °C Wassertemperatur
Kombirast bei 67 °C für 60 Minuten
Abmaischen bei 78 °C

Hopfen:

15 g Hallertauer Cascade (6 % Alphasäure) zur Vorderwürze (70 Minuten Kochzeit)
28 g Hallertauer Mittelfrüh (3 % Alphasäure) bei Kochende (0 Minuten Kochzeit)

AUßERDEM:

25 g frischer Basilikum bei Kochende (0 Minuten Kochzeit)

Hefe:

Classic Belgian Witbier (CBW)

NACH DER HAUPTGÄRUNG:

50 g frischer Basilikum (circa einen Topf aus dem Supermarkt) für 3 Tage

OLD WORLD ALE

[OBERGÄRIG, 14 °PLATO, 5,4 % ALKOHOL, 10 IBU]

Als die Menschen noch nicht wussten, wie wertvoll der Hopfen mit seinem Einfluss auf Haltbarkeit und Geschmack für das Bier sein kann, wurde wild mit Gewürzen und Kräutern experimentiert. Olaf Wirths (Labieratorium) hat sich gedanklich in diese Zeit zurückversetzt und zusammen mit den Biersommelier-Weltmeistern Stephan Hilbrandt und Oliver Wesseloh (Kreativbrauerei Kehrwieder) dieses Old World Ale gebraut. Das Rezept baut auf Olafs leicht rauchigem Alte Welt Ale auf, mit dem er an die Cottbuser Brautradition von 1385 erinnern möchte und das du vielleicht schon aus deinem lokalen Craftbiershop kennst.

Schüttung:

3950 g Pale-Ale-Malz (69,3 %)
1150 g Münchner Malz Typ II (20,2 %)
550 g Buchenrauchmalz (9,6 %)
50 g Röstmalz (0,9 %)

HAUPTGUSS: 18 l
NACHGUSS: 12 l

Maischen:

Einmaischen bei 63 °C Wassertemperatur
Maltoserast bei 63 °C für 25 Minuten
Verzuckerungsrast bei 73 °C für 25 Minuten
Abmaischen bei 78 °C

Hopfen:

6 g Herkules (16 % Alphasäure) zur Vorderwürze (60 Minuten Kochzeit)

AUßERDEM:

20 g Hanfblüten (10 Minuten Kochzeit)
10 g Heidekraut und 10 g Wermutkraut zum Kochende (0 Minuten Kochzeit)
(Gewürze/Kräuter im Kräuter-/Hopfensäckchen hinzugeben)

Hefe:

Nottingham Ale

NACH DER HAUPTGÄRUNG:

20 g Zitronenverbene für 5 Tage

EARL GREY IPA

[OBERGÄRIG, 15 °PLATO, 6,5 % ALKOHOL, 41 IBU]

Hast du beim Genuss einer Tasse Earl Grey auch schon einmal darüber nachgedacht, wie sich dieser charakteristische Zitrusgeschmack des Bergamotte-Öls wohl in einem IPA machen würde? Beim ersten Testsud habe ich ausschließlich mit hellen Malzen gebraut, für Versuch zwei ergänzte ich die Schüttung um Münchner Malz für einen kräftigeren Malzkörper, was mir persönlich besser gefiel. Die Hopfenbittere ist ungewöhnlich niedrig für ein IPA, wird aber dank der 10-minütigen Ziehzeit durch Bitterstoffe aus dem Tee ergänzt. Der Einsatz von Citra und Cascade unterstützt die Bergamotte-Aromen nochmals.

Schüttung:

4800 g Pale-Ale-Malz (78,7 %)
800 g Münchner Malz (13,1 %)
500 g dunkles Karamellmalz (8,2 %)

HAUPTGUSS: 18 l
NACHGUSS: 12 l

Maischen:

Einmaischen bei 73 °C Wassertemperatur
Kombirast bei 67 °C für 60 Minuten
Abmaischen bei 78 °C

Hopfen:

25 g Citra (12 % Alphasäure) zur Vorderwürze (70 Minuten Kochzeit)
25 g Cascade (6 % Alphasäure) bei Kochende (0 Minuten Kochzeit)

AUßERDEM:

50 g Earl Grey im Beutel bei Kochende (0 Minuten Kochzeit, 10 Minuten ziehen lassen)

Hefe:

S-04

KALTHOPFUNG NACH DER HAUPTGÄRUNG:

25 g Citra für 5 Tage
25 g Cascade für 5 Tage

orca brau
nürnberg

SMOKED RASPBERRY HABANERO ALE

[OBERGÄRIG, 13 °PLATO, 5,7 % ALKOHOL, 25 IBU]

Rauchig, fruchtig, scharf: „Boomshakalaka" beansprucht wirklich alle deine Geschmacksnerven. Felix vom Endt bringt in diesem rauchigen Ale süß-saure Himbeeren und feurig-scharfes Habanero-Chilipulver zusammen. Das ist wirklich ein irres Geschmackserlebnis, das nur schwer in Worte zu fassen ist. Für einen Vergleich mit deiner nachgebrauten Variante kannst du das Original, übrigens ein saisonales und somit nicht dauerhaft verfügbares Bier, bei Orca Brau in Nürnberg beziehen oder online bestellen.

Schüttung:

3050 g Pilsener Malz (58,7 %)
650 g Münchner Malz (12,5 %)
550 g Buchenrauchmalz (10,6 %)
550 g helles Weizenmalz (10,6 %)
250 g helles Karamellmalz (4,8 %)
150 g Melanoidinmalz (2,8 %)

HAUPTGUSS: 16 l
NACHGUSS: 14 l

Maischen:

Einmaischen bei 72 °C Wassertemperatur
Kombirast bei 65/66 °C für 50 Minuten
Verzuckerungsrast bei 72 °C für 15 Minuten
Abmaischen bei 78 °C

Hopfen:

11 g Magnum (13 % Alphasäure) zu Kochbeginn (75 Minuten Kochzeit)
13 g Perle (5 % Alphasäure, 10 Minuten Kochzeit)

Hefe:

US-05 oder S-04

NACH DER HAUPTGÄRUNG:
500 g pürierte und tiefgefrorene Himbeeren für 21 Tage (Achtung, zweite Gärung muss abgeschlossen sein, bevor die Nachgärung in der Flasche durchgeführt werden kann!)
0,25 g/1 Prise Habaneropulver (oder nach Belieben)

INFO EINMAL UMSCHLAUCHEN, BITTE!

Felix empfiehlt, den Sud nach der Hauptgärung in einen zweiten Gärbottich umzuschlauchen, in den du die pürierten und tiefgefrorenen Himbeeren vorgelegt hast. Keine Sorge: Die wenigen (unsichtbaren) Hefepartikel, die automatisch mit umgeschlaucht werden, reichen aus, um eine zweite Gärung zu starten. Den Hefeschlamm im Ausgangsgärbehältnis kannst du also bedenkenlos entsorgen (oder für einen späteren Sud ernten).

HANSCRAFT & CO.
finest brewing

MANGO NEIPA

[OBERGÄRIG, 15,7 °PLATO, 6 % ALKOHOL, CIRCA 10 IBU]

Dieses Mango NEIPA von Christian Hans Müller (Hanscraft & Co.) ist ein trübes, kaum bitteres India Pale Ale mit einer extra Portion Tropenfrucht. Hans verzichtet in der Kochphase komplett auf eine Hopfengabe und bittert kaum spürbar mit dem blumig-fruchtigen Centennial, den er sogar erst 10 Minuten nach Kochende zum Whirlpool gibt. Volles Aroma, nur darauf kommt es ihm an. Hallertauer Blanc und reichlich Mango-püree machen dieses Bier in der Gärphase zu einer absoluten Fruchtbombe, stiltypisch für NEIPAs. Hans empfiehlt eine Reifezeit von 4 Wochen.

Schüttung:

4350 g Pilsener Malz (68 %)
750 g Wiener Malz (11,8 %)
650 g helles Weizenmalz (10,1 %)
650 g Haferflocken (10,1 %)

HAUPTGUSS: 18 l
NACHGUSS: 12 l

Maischen:

Einmaischen bei 73 °C Wassertemperatur
Kombirast bei 66 °C für 30 Minuten
Verzuckerungsrast bei 72 °C für 30 Minuten
Abmaischen bei 78 °C

Hopfen:

Gesamtkochzeit: 60 Minuten
30 g Centennial (9 % Alphasäure) 10 Minuten nach Kochende

Hefe:

US-05

KALTHOPFUNG WÄHREND DER HAUPTGÄRUNG:
40 g Hallertauer Blanc, direkt zum Start der Gärung

WÄHREND DER HAUPTGÄRUNG:
500 g Mangopüree, direkt zum Start der Gärung (im Maischesack oder Filterbeutel), anschließend entfernen

KALTHOPFUNG NACH DER HAUPTGÄRUNG:
40 g Hallertauer Blanc für circa 7 Tage

NACH DER HAUPTGÄRUNG:
500 g Mangopüree für 7 Tage (im Maischesack oder Filterbeutel)

STRAWBERRY MILKSHAKE IPA

[OBERGÄRIG, 18,5 °PLATO, 7 % ALKOHOL, 35 IBU]

Der Einfallsreichtum der kreativen Craftbierszene kennt derzeit wirklich keine Grenzen. Das Milkshake IPA ist so ein skurriles Beispiel dafür. Als ich mein erstes probierte, wollte ich es sofort nachbrauen. Süßlich wie ein Milchshake wird dieses Bier durch die Zugabe von Laktose, die unvergärbar ist. Die fruchtige Komponente erfüllen hier Erdbeeren, mittlerweile ja auch ganzjährlich als qualitativ gute Tiefkühlware erhältlich. Die amerikanische Hopfensorte Belma bringt zudem Noten von Beerenfrüchten mit. Die Vanilleschoten runden später im Gäreimer das verrückte Geschmackserlebnis ab.

Schüttung:

4500 g Pale-Ale-Malz (69,2 %)
1000 g helles Weizenmalz (15,4 %)
500 g helles Karamellmalz (7,7 %)
500 g Haferflocken (7,7 %)

HAUPTGUSS: 18 l
NACHGUSS: 12 l

Maischen:

Einmaischen bei 74 °C Wassertemperatur
Kombirast bei 67 °C für 60 Minuten
Abmaischen bei 78 °C

Hopfen:

20 g Belma (12 % Alphasäure) zur Vorderwürze (70 Minuten Kochzeit)
20 g Belma (12 % Alphasäure) bei Kochende (0 Minuten Kochzeit)

AUßERDEM:
500 g Milchzucker (10 Minuten Kochzeit)
1500 g Erdbeerpüree (10 Minuten Kochzeit oder vor der Gärung, zum Beispiel tiefgefroren, siehe TIPP auf Seite 83)

Hefe:

US-05

KALTHOPFUNG WÄHREND DER HAUPTGÄRUNG:
60 g Belma für circa 5 Tage (ungefähr nach dem Hochkräusenstadium)

NACH DER HAUPTGÄRUNG [OPTIONAL]:
2 Vanilleschoten, längs aufgeschnitten, für 3 Tage

BRETT IPA

[OBERGÄRIG, 15,2 °PLATO, 7 % ALKOHOL, 51 IBU]

„Djup", so nennen die Flügge-Jungs aus Frankfurt ihr spritziges Brett IPA, das die hefetypischen Noten von grünem Apfel und das berühmt-berüchtigte Pferdedecken-Aroma mitbringt. Aber nicht nur das: Dieses Bier ist geschmacklich ungemein vielschichtig und präsentiert dir zudem einen ganzen Obstkorb, gefüllt mit reifen Bananen, Orangen, Pfirsichen und Maracuja. Wenn du von spontanvergorenen Bieren aus dem belgischen Raum angetan bist und auf fruchtig-frische IPAs stehst, solltest du diesem Rezept eine Chance geben und das Bier nachbrauen.

Schüttung:

2800 g Pale-Ale-Malz (45,2 %)
2000 g helles Weizenmalz (32,3 %)
1200 g Hafermalz oder Haferflocken (19,3 %)
200 g Sauermalz (3,2 %)

HAUPTGUSS: 18 l
NACHGUSS: 12 l

Maischen:

Einmaischen bei 72 °C Wassertemperatur
Kombirast bei 66 °C für 70 Minuten
Abmaischen bei 78 °C

Hopfen:

18 g Columbus (15 % Alphasäure) zur Vorderwürze (60 Minuten Kochzeit)
15 g Callista (4 % Alphasäure), 15 g Citra (12 % Alphasäure) und 15 g Mosaic (11 % Alphasäure) bei Kochende (0 Minuten Kochzeit)

Hefe:

Amalgamation Brett Super Blend, WLP644 Brettanomyces bruxellensis oder jede andere Brettanomyces-Hefe (Gärtemperatur zwischen 21 und 27 °C)

KALTHOPFUNG NACH DER HAUPTGÄRUNG:

90 g Callista für 5 Tage
70 g Citra für 5 Tage

INFO BRAUEN MIT BRETT

Im Jahr 1904 befasste sich der technische Direktor der Carlsberg-Brauerei Niels Hjelte Claussen ausgiebig mit lang gereiften Stock Ales aus Britannien. Er wollte herausfinden, welchen Ursprung deren intensive Aromen hatten. Sie erinnerten an Portwein und brachten einen auffälligen Tierstallgeruch mit. Im Rahmen seiner Forschung isolierte er eine Hefezelle, die er als geschmacksgebende Komponente ausmachen konnte und spontan als Brettanomyces, also den Pilz aus England, bezeichnete.

Heute wissen viele Bierfreunde weltweit diesen sonderbaren Hefestamm sehr zu schätzen. Denn richtig eingesetzt kann Brett – oder wissenschaftlich korrekt *Dekkera bruxellensis* – einem Bier unglaubliche neue Dimensionen an Geschmack verleihen. In Brett-Bieren findet man häufig Aromen, die an Pferdedecke, Leder oder Torfrauch und gleichzeitig an reife Mangos, Pfirsiche oder Ananas erinnern.

Für deinen ersten Brautag mit Brett solltest du vorab aber einige Vorkehrungen treffen. Denn einmal festgesetzt lässt sich dieser Hefestamm selbst durch intensiven Reinigungsmitteleinsatz nicht mehr beeindrucken. Und das kann zum ernsten Problem für deine Gerätschaften werden: einmal Brett, immer Brett. Niemand möchte, dass am Ende alle Heimbrauerzeugnisse nach Ziegenstall riechen und schmecken.

Brett-Fan Dominik Pietsch von Flügge rät daher: „Schaffe dir einen separaten Gärbehälter mit Hahn und Gärspund an, den du ausschließlich für deine Brett-Versuche benutzt. Im Grunde solltest du alles, was im Kaltbereich mit der Hefe in Kontakt kommt, zum Beispiel auch Gärröhrchen oder Silikonschläuche, nur noch für Brettanomyces-Biere verwenden. Ein weiterer wichtiger Tipp: Besser einmal zu viel als zu wenig desinfizieren. Wenn du so sauber arbeitest, musst du keine Angst vor einer Kreuzkontamination haben. Bei den Flaschen brauchst du dich nicht verrückt zu machen: Hier reicht es aus, wenn du sie nach dem Genuss deines Brett-Biers gründlich spülst und desinfizierst. Dann kannst du sie später auch noch für andere selbstgebraute Biere wiederverwenden."

TIPP PROBLEME BEIM LÄUTERN?

Wenn du während des Maischprogramms feststellst, dass der Reis zu sehr klebt und den Läuterprozess erschweren könnte, solltest du auf Reishülsen zurückgreifen und diese einfach zum Ende der Verzuckerungsrast unterrühren. Im eigenen Braubedarfshops bekommst du 1 kg für knapp 4 Euro. Die Hülsen sind völlig geschmacksneutral und können auch bei Bieren mit hohem Roggenanteil hilfreich sein. Die empfohlene Dosierung liegt bei maximal 5 % der Gesamtschüttung, für dieses Bier reichen also 200 g aus.

REIS-PILS

[UNTERGÄRIG, 11,8 °PLATO, 5 % ALKOHOL, 38 IBU]

Im asiatischen Raum wird Reis gerne fürs Bierbrauen benutzt, weil er im Vergleich zu vielen anderen Getreidesorten mehr Stärke mitbringt. Die fertigen Reisbiere sind zumeist hell, schlank und süffig. Auch Henrik von Zils Bräu in der Eifel braut regelmäßig ein Reis-Pils und erhält viel positives Feedback für diesen Reinheitsgebotsverbrecher. Die verwendeten Hopfensorten Aramis und Strisselspalter stammen aus dem Elsass und verleihen diesem Pilsener leicht kräuterige Noten und ein sanftes Zitrusaroma. Aber Achtung: Dieses Rezept ist nichts für Brauanlagen mit Malzpumpen.

Schüttung:

3000 g Pilsener Malz (63,8 %)
150 g helles Karamellmalz (3,1 %)
1550 g weißer Langkornreis (33,1 %)

HAUPTGUSS: 16 l
NACHGUSS: 14 l

Vor dem Maischen:

Den Langkornreis mit 8 Liter Wasser unter ständigem Rühren zum Kochen bringen, Kochzeit 30 bis 40 Minuten, bis die Reiskörner platzen. Dann 8 Liter kaltes Leitungswasser (circa 10 °C) sowie die Malze zugeben und mit dem Maischprogramm beginnen.

Maischen:

Eiweißrast bei 54 °C für 10 Minuten
Maltoserast bei 62 °C für 35 Minuten
Verzuckerungsrast bei 72 °C für 25 Minuten
Abmaischen bei 78 °C

Hopfen:

Gesamtkochzeit: 80 Minuten
16 g Aramis (7 % Alphasäure, 75 Minuten Kochzeit)
18 g Aramis (7 % Alphasäure, 30 Minuten Kochzeit)
40 g Strisselspalter (3 % Alphasäure) bei Kochende (0 Minuten Kochzeit)

Hefe:

W34/70

DARK HONEY ALE

[OBERGÄRIG, 14,5 °PLATO, 6 % ALKOHOL, 22 IBU]

Kräftiger Waldhonig verleiht diesem Dark Honey Ale eine würzige Note. Es lohnt sich hierfür, direkt beim Imker zu kaufen. Der Supermarkthonig ist oft nicht aromatisch genug. Bedenke, dass die Zucker des Honigs später komplett vergoren werden. Wenn du es süßer magst, kannst du mit einer noch wärmeren Kombirast (bei 69 °C) gegensteuern.

Schüttung:

3500 g Pale-Ale-Malz (69,2 %)
1000 g Münchner Malz (15,4 %)
500 g dunkles Karamellmalz (7,7 %)

HAUPTGUSS: 18 l
NACHGUSS: 12 l

Maischen:

Einmaischen bei 74 °C Wassertemperatur
Kombirast bei 68 °C für 60 Minuten
Abmaischen bei 78 °C

Hopfen:

40 g Golding (5 % Alphasäure) zur Vorderwürze (60 Minuten Kochzeit)

AUßERDEM:
500 g Waldhonig bei Kochende (0 Minuten Kochzeit)

Hefe:

Nottingham Ale

INFO MIT HONIG STOPFEN?

Damit die Aromen des Honigs nicht komplett verkochen, wird er erst sehr spät in den Topf gegeben. Den Honig kurz nach der Hauptgärung in den Bottich zu geben, ist aber auch eine Option. So oder so: Hefen sind glukophil, sie bevorzugen also Glukose. Mit der großen Menge an Fruktose aus dem Honig hingegen haben viele Hefen ihre Mühe. Bedenke also, dass du mit dem „Honigstopfen“ eine weitere Gärung, die durchaus sehr langsam verlaufen kann, in Gang setzt. Hier ist – wie so oft beim Brauen – deine Geduld gefragt. Und weil sich auch im Honig noch wilde Hefen befinden können, sollte er vorher sicherheitshalber für eine halbe Stunde in 80 °C heißem Wasser pasteurisiert werden.

UTHOKA® SOMMELIER & BROUWERIJ

5-KORN-BIER

[OBERGÄRIG, 17,6 °PLATO, 7,5 % ALKOHOL, 30 IBU]

Eine volle Ladung Malz erwartet dich bei diesem 5-Korn-Bier. Wie der Name schon sagt: Gleich fünf unterschiedliche Getreidesorten bilden das Rückgrat dieser Bierkreation, deren Rezept im Kopf meines Biersommelierkollegen Uwe Kalms entstanden ist. Sein „Moleneind" gibt es mancherorts in den Niederlanden auch im Spezialbierhandel zu kaufen. Solltest du also nahe der holländischen Grenzen wohnen, hast du die Chance, Uwes 5-Korn-Bier einmal zum Vergleich mit deiner selbstgebrauten Version zurate zu ziehen.

Schüttung:

3290 g Pilsener Malz (45,7 %)
2250 g Münchner Malz (31,2 %)
505 g rotes Karamellmalz (7 %)
150 g Chocolate-Roggenmalz (2,1 %)
505 g dunkles Weizenmalz (7 %)
250 g Hafermalz (3,5 %)
250 g Dinkelmalz (3,5 %)

HAUPTGUSS: 16 l
NACHGUSS: 14 l

Maischen:

Einmaischen bei 54 °C Wassertemperatur
Eiweißrast bei 54 °C für 10 Minuten
Maltoserast bei 62 °C für 30 Minuten
Kombirast bei 68 °C für 30 Minuten
Verzuckerungsrast bei 72 °C für 10 Minuten
Abmaischen bei 78 °C

Hopfen:

Gesamtkochzeit: 90 Minuten
55 g Perle (5 % Alphasäure, 60 Minuten Kochzeit)

Hefe:

BE-256 oder Abbaye Belgian Ale

PRINTENBIER

[OBERGÄRIG, 13,5 °PLATO, 5,5 % ALKOHOL, 17 IBU]

Aachener Kräuterprinten werden bei mir mindestens einmal im Jahr zweckentfremdet: Dann landen sie nämlich im Braukessel. Bereits im September lassen sich die ersten Weihnachtsknabbereien in den Supermärkten finden. Damit dein weihnachtliches Gewürzbier zur Adventszeit den perfekten Reifegrad hat, solltest du es auch schon im Herbst einbrauen. Das fertige Bier duftet nach Zimt, Nelke, Piment, Koriander und Sternanis und schmeckt an kalten Wintertagen wirklich wunderbar. Übrigens kannst du die Printen auch notfalls durch Lebkuchen ersetzen. Hauptsache, es ist keine Schokolade drumherum, die mit ihrem hohen Fettgehalt nur den Bierschaum zerstören würde.

Schüttung:

5000 g Münchner Malz (83,3 %)
1000 g Aachener Kräuterprinten (16,7 %)

HAUPTGUSS: 18 l
NACHGUSS: 12 l

Maischen:

Einmaischen bei 75 °C Wassertemperatur
Kombirast bei 68 °C für 60 Minuten
Abmaischen bei 78 °C

Hopfen:

30 g Perle (5 % Alphasäure) zur Vorderwürze (60 Minuten Kochzeit)

Hefe:

S-04

LÄUTERWERK

PECAN NUT BROWN ALE

[OBERGÄRIG, 12,2 °PLATO, 4,8 % ALKOHOL, 34 IBU]

Weil sie mit Walnüssen zuvor schlechte Erfahrungen gemacht hatten, wählten Ingo und Vorty vom Läuterwerk aus Münster lieber Pekannüsse als besondere Zutat für ihr dunkles Ale aus. Und das war eine richtig gute Entscheidung, denn das Pecan Nut Brown Ale gehört nicht nur zu meinen liebsten Braunbieren, es ist auch beim regelmäßigen Brauereiausschank ein absoluter Gästefavorit. Der traditionelle englische Bierstil Brown Ale bringt über die Malzschüttung schon nussige Noten mit, die durch die Zugabe der gemahlenen Pekannüsse noch einmal intensiviert werden.

Schüttung:

3755 g Pilsener Malz (76,7 %)
575 g helles Chocolate-Malz (11,7 %)
285 g Biskuitmalz (5,8 %)
285 g Aroma-Karamellmalz (5,8 %)

AUßERDEM:
250 g gemahlene Pekannüsse

HAUPTGUSS: 18 l
NACHGUSS: 12 l

Maischen:

Einmaischen bei 67 °C Wassertemperatur
Maltoserast bei 62 °C für 40 Minuten
Verzuckerungsrast bei 72 °C für 30 Minuten
Abmaischen bei 78 °C

Hopfen:

Gesamtkochzeit: 90 Minuten
40 g Fuggles (4 % Alphasäure, 70 Minuten Kochzeit)
14 g Fuggles (4 % Alphasäure, 15 Minuten Kochzeit)

Hefe:

Nottingham Ale

orca brau
nürnberg

BROWN SAISON

[OBERGÄRIG, 13 °PLATO, 6,2 % ALKOHOL, 29 IBU]

„Brüno" nennt Felix vom Endt (Orca Brau) sein Brown Saison. Der Clou an diesem dunklen und facettenreichen Farmhouse Ale ist die Zugabe von französischen und amerikanischen Eichenholzchips nach der Hauptgärung, die dem Bier sowohl rauchige als auch süßlich-holzige Fassaromen verleihen. Die Gesamtkomposition hat es in sich: ein weicher, aber durchaus präsenter Malzkörper mit einem Hauch von Röstbittere, würzig-pfeffrige Hefenoten, leicht alkoholaromatisch und durch die Lagerung auf dem Eichenholz zusätzlich noch mit vanilleartigen Aromen beglückt, die an sanften Bourbon-Whisky erinnern. Wichtig: 8 Wochen Reifezeit sind vonnöten, um sich am perfekten Ergebnis im Glas erfreuen zu können.

Schüttung:

4100 g Pilsener Malz (78,9 %)
550 g helles Weizenmalz (10,6 %)
350 g dunkles Weizenmalz (6,7 %)
100 g Sauermalz (1,9 %)
100 g Röstmalz (1,9 %, Zugabe erst nach der Verzuckerungsrast)

HAUPTGUSS: 16 l
NACHGUSS: 14 l

Maischen:

Einmaischen bei 74 °C Wassertemperatur
Kombirast bei 67/68 °C für 60 Minuten
Verzuckerungsrast bei 72 °C für 10 Minuten
Abmaischen bei 78 °C

Hopfen:

45 g Saazer (4 % Alphasäure) zu Kochbeginn (75 Minuten Kochzeit)
15 g Saazer (4 % Alphasäure, 10 Minuten Kochzeit)

Hefe:

Belle Saison oder #3724 Belgian Saison

NACH DER HAUPTGÄRUNG:

200 g französische Eichenholzchips „High Mokka" für 7 bis 12 Tage
200 g amerikanische Eichenholzchips „Pure Vanilla" für 7 bis 12 Tage

KOKOS-PORTER

[OBERGÄRIG, 13,7 °PLATO, 6 % ALKOHOL, 30 IBU]

Ich gehöre zu den Biertrinkern, die an Porter und Stouts aufgrund der oft sehr kräftigen Malz- und Röstaromatik nur in kalten Monaten richtig Freude haben. Eine der wenigen Ausnahmen stellt das Kokos-Porter der Jungs vom Läuterwerk aus Münster dar. Dieses Brauerzeugnis habe ich erstmals auf einem Bierfestival im Emsland, der Lingener Bierkultur, im Spätsommer 2017 kennengelernt und war sofort begeistert von den Aromen, die durch die späte Zugabe der gerösteten Kokosflocken ins Bier gelangen konnten. Ein spezieller Genusstipp dazu: Probiere das Bier mal in Kombination mit Vanilleeis.

Schüttung:

4400 g Maris Otter (78 %)
500 g Brown-Malz (8,8 %)
500 g dunkles Karamellmalz (8,8 %)
250 g Röstmalz (4,4 %)

HAUPTGUSS: 18 l
NACHGUSS: 12 l

Maischen:

Einmaischen bei 74 °C Wassertemperatur
Kombirast bei 68 °C für 90 Minuten
Abmaischen bei 78 °C

Hopfen:

Gesamtkochzeit: 90 Minuten
36 g Fuggles (4 % Alphasäure, 60 Minuten Kochzeit)
18 g Fuggles (4 % Alphasäure, 10 Minuten Kochzeit)

Hefe:

Nottingham Ale

NACH DER HAUPTGÄRUNG:

500 g Kokosflocken (im Kräuter- oder Hopfensäckchen; zuvor bei 120 °C im Backofen unter häufigem Wenden anrösten, bis die Flocken hellbraun sind) für 1 Tag

COFFEE STOUT

[OBERGÄRIG, 15,6 °PLATO, 6,5 % ALKOHOL, 44 IBU]

Auch wenn Röstmalze ihren Teil dazu beitragen können, ist ein echtes Coffee Stout doch nur perfekt, wenn es auch mit Kaffee eingebraut wird. 8 Gramm Kaffee pro Liter Jungbier, so lautet der Dosierungsvorschlag von Dennis und Michael von MÜCKE Craft Beer aus Essen. Die grob gemahlenen Bohnen kommen für 24 Stunden in den Gärbottich, damit sich die Öle lösen können. Ihr Kaffee kommt von den „Coffee Pirates" aus Essen-Rüttenscheid. Wenn du auch einen lokalen Kaffeeröster in der Gegend hast, nutze ihn doch als Kooperationspartner für dein Stout. Für solche Aktionen sind die meisten Röster zu haben. Kaffeebohnen gegen ein paar Flaschen Selbstgebrautes: ein guter Deal für beide Seiten!

Schüttung:

3550 g Pilsener Malz (55,6 %)
1800 g Münchner Malz (28,1 %)
450 g Kaffeemalz (7 %)
450 g Chocolate-Malz (7 %)
150 g Röstmalz (2,3 %)

HAUPTGUSS: 16 l
NACHGUSS: 14 l

Maischen:

Einmaischen bei 75 °C Wassertemperatur
Kombirast bei 67 °C für 60 Minuten
Abmaischen bei 78 °C

Hopfen:

10 g Columbus (15 % Alphasäure) zu Kochbeginn (60 Minuten Kochzeit)
15 g Columbus (15 % Alphasäure, 5 Minuten Kochzeit)
40 g East Kent Golding (5 % Alphasäure) bei Kochende (0 Minuten Kochzeit)

Hefe:

Nottingham Ale

NACH DER HAUPTGÄRUNG:
160 g grob gemahlenen Kaffee direkt ins Jungbier für 1 Tag

GUT ZU WISSEN

Wo du dein Brauequipment bestellen kannst und auf welchen Webseiten sich viele Tipps, Tricks und noch mehr neue Craftbierrezepte finden lassen: Dieses Kapitel hält Antworten bereit. Außerdem habe ich für dich ein Glossar rund ums Bierbrauen zusammengestellt.

GLOSSAR

Alpha-Amylase: Im Malz enthaltendes Enzym, das während des Maischens Stärke in unvergärbaren Zucker umwandelt. Dieser bleibt unberührt von der Hefe und sorgt im Bier für Restsüße und Vollmundigkeit.

Alphasäure: Inhaltsstoff des Hopfens, der für die Bitterung des Biers verantwortlich ist.

Anstellen: Zugabe der Hefe.

Aromahopfen: Hopfensorte mit einem hohen Ölanteil, betont das Hopfenaroma eines Biers.

Beta-Amylase: Im Malz enthaltendes Enzym, das während des Maischens Stärke in vergärbaren Zucker umwandelt. Dieser wird in der Gärung von der Hefe zu Alkohol und Kohlensäure verstoffwechselt.

Bitterhopfen: Hopfensorte mit einem hohen Alphasäuregehalt, optimal zum Bittern eines Biers geeignet.

Braugerste: Getreide mit hohem Stärkeanteil, das zur Malzherstellung verwendet wird.

Darren: Schritt bei der Vermälzung, bei dem die gekeimten Gerstenkörner mit Heißluft getrocknet werden.

Dekoktionsverfahren: Traditionelles Maischverfahren, bei dem ein Teil der Maische gekocht und anschließend der Restmaische wieder zugegeben wird, um die nächste Rast-/Temperaturstufe zu erreichen.

Dimethylsulfid (DMS): Fehlaroma; Verbindung, die ein Gemüsearoma erzeugt; vorrangig durch helles Malz in der Würze; wird beim Kochen ausgetrieben.

Ester: Stoffgruppe, die für unterschiedliche zumeist fruchtige Aromen im obergärigen Bier verantwortlich ist; entsteht während der Gärung (Gärnebenprodukt).

Fuselalkohole: Gruppe von Begleitalkoholen, die unter anderem für den Kater am nächsten Morgen sorgen können; entstehen während der Gärung (Gärnebenprodukt).

Gärbottich: Gefäß, in dem die Würze zu Jungbier vergoren wird; eine Funktion, die der Läuter- und Gäreimer erfüllt.

Gärnebenprodukte: Zusätzliche Gärprodukte neben Alkohol (Ethanol) und Kohlensäure; z. B. Ester, Fuselalkohole.

(Haupt-)Gärung: Stoffwechselprozess der Hefe, bei dem aus Malzzucker Alkohol und Kohlensäure wird; Durchführung im Gärbottich.

Hauptguss: Wassermenge, die zum Einmaischen des geschroteten Malzes Verwendung findet.

Hopfenpellets: Gesäuberte und gemahlene Hopfendolden, anschließend in kleine zylindrische Einheiten gepresst.

Hopfenseihen: Auffangen der Hopfenrückstände bei der Filtrierung der Würze.

IBU: International Bitterness Units; Maßeinheit für die Bittere, die der Hopfen an das Bier abgibt.

Infusionsverfahren: Modernes Maischverfahren, bei dem durch Aufheizen eine bestimmte Rast-/Temperaturstufe für die Verzuckerung erreicht wird.

Jodprobe: Stärkenachweis mittels Jod.

Jungbier: Frisch vergorenes Bier, direkt nach der Hauptgärung.

Kalthopfung: Auch Hopfenstopfen; späte Hopfengabe nach der Gärung, bei der sich ätherische Öle im Jungbier lösen und für auffällige Aromen im späteren Bier sorgen.

Karamellmalze: Spezialmalze, die dem Bier Süße und Vollmundigkeit geben.

(Auf-)Karbonisierung: Hinzufügen von Kohlensäure; im Heimbraubereich unter anderem durch den Nachgärungsprozess möglich.

Kräusen: Durch die Hefe entstandene schaumige Oberfläche während der Gärung im Gärbottich.

Läuterbottich: Gefäß, in dem die Würze vom Treber getrennt wird; eine Funktion, die der Läuter- und Gäreimer erfüllt.

Läuterspirale: Hilfreiches Utensil für den Läuterprozess; z. B. Modelle „Läuterhexe" oder „Läuterfreund".

Maische: Haferbreiähnliches Gemisch aus geschrotetem Malz und erhitztem Wasser.

Maltoserast: Wichtige Raststufe im Maischprozess bei ca. 63 °C, bei der hauptsächlich das Enzym Beta-Amylase den Abbau der Stärke zu vergärbarem Zucker bewirkt.

Nachgärung: (Auf-)Karbonisierung des Biers und Abbau des Jungbiergeschmacks in der Flasche; Dauer: ungefähr 1 Woche.

Nachguss: Wassermenge, die beim Läutern zum Herausspülen der Zucker aus dem Treber verwendet wird.

Plato: Maß für die Stammwürze, den Zuckergehalt der Würze; °P (Grad Plato).

Rasten: Phase im Maischprozess, bei der eine Temperatur für eine Zeit lang konstant gehalten wird.

Rehydrieren: Beim Rehydrieren kommt die Trockenhefe wieder in Kontakt mit Wasser. So werden die Hefezellen optimal aufs Anstellen vorbereitet.

Restextrakt: Zuckergehalt im Jungbier zum Ende der Gärung.

Schüttung: Als Schüttung bezeichnet man die Gesamtmenge aller verwendeten Malze pro Brauvorgang.

Speise: Ein Teil der im Brauprozess (ca. 15 %) hergestellten Bierwürze, der zunächst für die spätere Nachgärung zurückgehalten und während des Abfüllens dem Jungbier zum Zweck der Karbonisierung wieder hinzugegeben wird.

Stammwürze: Zuckergehalt in der Würze; gemessen in °P (Grad Plato) mit der Bierwürzespindel im Spindelzylinder.

Treber: Fester Bestandteil der Maische nach dem Läutern; ausgelaugtes Malz; kann unter anderem zu Treberbrot weiterverarbeitet werden.

Trubstoffe: Eiweiße und nicht gelöste Hopfenbestandteile in der Würze (oder im Bier).

Umschlauchen: Das Überführen der Bierwürze oder des Jungbiers in ein anderes Behältnis mittels Schlauch.

Vermälzung: Verarbeitung des Gerstenkorns zum Malzkorn.

Verzuckerungsrast: Wichtige Raststufe im Maischprozess bei ca. 72 °C, bei der hauptsächlich das Enzym Alpha-Amylase den Abbau der Stärke zu unvergärbarem Zucker bewirkt.

Vorderwürze: Frisch geläuterter erster Anteil der Würze, bevor der Nachguss hinzugegeben wird; unverdünnte Würze.

Whirlpool: Durch eine kreisförmige Rührbewegung erzeugter Strudel nach Ende des Hopfenkochens. Der Whirlpool bewirkt, dass sich am Boden des Einkochers ein Kegel mit Trubstoffen absetzt, der nicht in den Gärbottich umgeschlaucht werden soll.

Würze: Flüssiger Anteil der Maische; wird im letzten Schritt mit Hefe zu Bier vergoren.

Würzekochen: Kochprozess, bei dem die Würze zusammen mit dem Hopfen gekocht wird; dabei werden unter anderem die Bitterstoffe aus dem Hopfen herausgelöst.

BRAUBEDARFSHOPS

adams-hardware.de Ole Adam ist der Spezialist für Rührwerke. In seinem Shop findest du zum Beispiel passgenaue Modelle für die Einkocherklasse, aber auch größere Töpfe. Außerdem bekommst du hier den Leuterator, eine sehr günstige Läuterhilfe.

amihopfen.com Hier musst du nie lange auf deine Bestellung warten. Es gibt sogar einen Hefe-Notdienst für den Fall, dass du mal nicht das richtige Tütchen für dein Craftbier vorrätig hast.

brauhardware.de Bei Brauhardware.de kannst du unter anderem Rührwerke für unterschiedliche Topfdurchmesser bestellen und bekommst den Läuterfreund, eine sehr empfehlenswerte Läuterhilfe für alle Topfgrößen.

braumischung.de Wenn du deine ersten Versuche gewagt hast, kannst du dir hier fertige Braumischungen bestehend aus Malz, Hopfen und Hefe bestellen, um so noch mehr spannende Bierstile kennenzulernen oder einfach nur die Zeit fürs Zusammensuchen der Rohstoffe zu sparen.

brewpaganda.com Rührwerke, Braukessel, Läuterlösungen: Bei Brewpaganda.com findest du reichlich Brauequipment, das auch optisch sehr ansprechend ist. Die Jungs drücken ihren Gerätschaften gerne ihren eigenen Stempel auf.

candirect.eu Candirect hat seinen Sitz in Duisburg und bietet neben klassischem Heimbraubedarf auch automatische Brauanlagen und vor allem KEGs in vielen Größen nebst Zubehör an.

hobbybrauerversand.de Der Allrounder ist „Hopfen und mehr", der Hobbybrauerversand. Das meiste deiner Brauausrüstung wirst du hier finden können.

hopfen-der-welt.de Eine riesige Auswahl an nationalen und internationalen Hopfensorten hat „Hopfen der Welt" zu bieten.

hopfenhandel-resch.de Martin Resch ist in der Hallertau geboren und damit ein Kind des Hopfens. Seit Juni 2017 existiert sein Onlineshop, in dem er neben Hopfen, Malzen und Hefen auch Brauereiartikel anbietet.

mattmill.de Hier erfährst du mehr über die einzelnen Läuteroptionen und Schrotmühlen. Die Produkte selbst erhältst du im Braubedarf-Online-Handel.

schnapsbrenner.eu Beim „Schnapsbrenner" gibt's oftmals die besten Preise. Da solltest du unbedingt mal vorbeischauen.

zapfanlagendoktor.de Beim Zapfanlagendoktor ist der Name Programm: In erster Linie dreht sich hier alles um Fässer und Zapfanlagen. Aber auch sonst findet man viel Nützliches an Brauzubehör in diesem schmucken Onlineshop.

HILFREICHE LINKS

brauerei.mueggeland.de Hier findest du eine Reihe hilfreicher Berechnungstools – zum Beispiel zum Alkoholgehalt und der Hopfenausnutzung – sowie zusätzlich noch weitere Rezepte, an denen du dich als Fortgeschrittener einmal ausprobieren kannst.

braumagazin.de Das „Braumagazin" erscheint einmal im Quartal und kann kostenlos auf der Webseite gelesen werden. Die Autoren sind größtenteils Heimbrauer, die sich äußerst gut mit Bier und seinen Eigenschaften auskennen. Fortgeschrittene Heimbrauer haben daran richtig Freude.

hobbybrauer.de/forum Das Hobbybrauerforum ist deine Schnellhilfeoption: Hier wurden wirklich alle Fragen zum Thema Bierbrauen schon einmal beantwortet. Die Community ist sehr aktiv und hilfsbereit. Nutze aber bitte dennoch erst die Suchfunktion, bevor du eine Frage stellst, die vielleicht schon unzählige Male thematisiert wurde.

joerum.de/kleiner-brauhelfer Der „Kleine Brauhelfer" ist ein kostenloses Tool, mit dem du deine eigenen Rezepte kreieren und abspeichern kannst. Außerdem bietet es die Möglichkeit, deinen Bestand an Rohstoffen festzuhalten.

maischemalzundmehr.de Bei „Maische, Malz und mehr" erwartet dich eine große Rezeptdatenbank.

DIE CRAFTBIEREXPERTEN UND BRAUEREIEN IM INTERNET

Atelier der Braukünste
www.atelier-der-braukuenste.de
www.facebook.com/ADBRKNSTE
www.instagram.com/atelierderbraukuenste

Beckmanns Braumischung
www.braumischung.de
www.facebook.com/braumischung
www.instagram.com/braumischung.de

Brauhaus Thombansen
www.lp-craft.de
www.facebook.com/BrauhausThombansen
www.instagram.com/thombansen_craft

Brauprojekt 777
www.brauprojekt.de
www.facebook.com/Brauprojekt777
www.instagram.com/brauprojekt_777
www.twitter.com/Brauprojekt

Brautum e. V.
www.brautum.de
www.facebook.com/brautum

Brewer's Tribute
www.brewers-tribute.com
www.facebook.com/brewerstribute
www.instagram.com/brewers_tribute

Flügge
www.brauerei-fluegge.de
www.facebook.com/brauereifluegge
www.instagram.com/brauereifluegge

Hanscraft & Co.
www.hc-co.de
www.facebook.com/hanscraftco
www.instgram.com/hanscraftco
www.twitter.com/hanscraftco

Kölner Bierhistoriker e. V.
www.koelnerbierhistoriker.org
www.facebook.com/bierhistoriker

Kraftbierwerkstatt Böblingen
www.kraftbierwerkstatt.de
www.facebook.com/Kraftbierwerkstatt
www.instagram.com/kraftbierwerkstatt
www.twitter.com/KBW_2014

Kraftbräu
www.kraftbraeu.de
www.facebook.com/kraftbraeu

Labieratorium
www.labieratorium.de
www.facebook.com/labieratorium
www.instagram.com/labieratorium
www.twitter.com/labieratorium

Läuterwerk
www.laeuterwerk.de
www.facebook.com/lauterwerk
www.instagram.com/laeuterwerk

Mashsee Brauerei
www.mashsee.de
www.facebook.com/mashsee
www.instagram.com/mashsee

MÜCKE Craft Beer
www.muecke-craftbeer.de
www.facebook.com/muecke.craftbeer
www.instagram.com/muecke_bier

Orca Brau
www.orcabrau.de
www.facebook.com/orcabrau
www.instagram.com/orcabrau
www.twitter.com/orcabrau

Ruhrpottbrewery
www.ruhrpottbrew.de
www.facebook.com/ruhrpottbrew
www.instagram.com/ruhrpottbrew1

Superfreunde
www.superfreunde.beer
www.facebook.com/superfreundecraftbeer/
www.instagram.com/superfreunde_craftbeer
www.twitter.com/supercraftbeer

Uthoka
www.biersommelier.biz
www.facebook.com/uthoka
www.instagram.com/vughtsbier

Zilsbräu
www.brauhaus-zils.de
www.facebook.com/brauhauszils

DANKSAGUNG

Eins darf nicht unerwähnt bleiben und zwar ein riesengroßes **DANKESCHÖN**

- an Lisa, Christine, Alessandra und das gesamte Team des Ulmer-Verlags für die großartige Zusammenarbeit in den letzten Jahren,

- an Nic, Ivan und unser Hundemodel Elska für die wunderbaren Bilder und die feuchtfröhlichen Fotosessions,

- an meinen Geschäftspartner und Freund Markus sowie alle kreativen Brauer und Experten für ihre Bereitschaft, ihr Fachwissen mit in diese Buchserie einfließen zu lassen,

- an Candy und Spiegelau für die schönen Craftbiergläser,

- an meine liebe Familie für den regelmäßigen Zuspruch während der Produktionsphase und alle fleißigen Korrekturleser für die tatkräftige Unterstützung.

IHR SEID ALLE BOCKSTARK!

Vielen lieben Dank!

DER AUTOR

Ferdinand Laudage, 1982 geboren in Europas alter Bierhauptstadt Dortmund, ist PR-Schaffender und diplomierter Biersommelier. Seit 2013 braut er selbst Bier. Die Einsteigerliteratur ließ er damals links liegen und versuchte sich lieber als Autodidakt. Das ging anfangs natürlich mächtig in die Hose, aber: Aus Fehlern lernt man. Sein erlangtes Wissen rund ums Selberbrauen und Biergenießen vermittelt er deshalb seit 2015 allen Interessenten in Brauseminaren und Bierverkostungen für die Bieragentur Dortmund.

Weitere Informationen zum Autor im Netz: www.bieragentur-do.de

BILDQUELLEN

Alle Bilder stammen von **Dominic Krause** mit Ausnahme der folgenden: Beckmann, Lukas (Beckmanns Braumischung): S. 13; Brauerei Flügge GmbH / Pietsch, Dominik: S. 11; Friedrich, Andrea (www.metal.de): S. 9; Gigla, Kolja (Mashsee Brauerei GmbH & Co. KG) / Sobotta, Alexander: S. 8; Kalms, Uwe (Uthoka Brouwstudio) / Swinkels, Igor: S. 12; Stöppler, Henrik (Brauhaus Zils) / Portrait-Profis.de, Kleff, Ralf: S. 7; vom Endt, Felix (orca brau) / Jurga Graf Photography: S. 10

Model und Braulehrling: **Ivan Vukoja**

IMPRESSUM

Die in diesem Buch enthaltenen Empfehlungen und Angaben sind vom Autor mit größter Sorgfalt zusammengestellt und geprüft worden. Eine Garantie für die Richtigkeit der Angaben kann aber nicht gegeben werden. Autor und Verlag übernehmen keine Haftung für Schäden und Unfälle. Bitte setzen Sie bei der Anwendung der in diesem Buch enthaltenen Empfehlungen Ihr persönliches Urteilsvermögen ein. Der Verlag Eugen Ulmer ist nicht verantwortlich für die Inhalte der im Buch genannten Websites.

Bibliografische Information der Deutschen Nationalbibliothek
Die Deutsche Nationalbibliothek verzeichnet diese Publikation in der Deutschen Nationalbibliografie; detaillierte bibliografische Daten sind im Internet über http://dnb.d-nb.de abrufbar.

Wollgrasweg 41, 70599 Stuttgart (Hohenheim)
E-Mail: info@ulmer.de
Internet: www.ulmer.de
Lektorat: Lisa Seibel, Christine Hutschenreuther, Alessandra Kreibaum
Herstellung: Katharina Merz
Umschlag-Gestaltung: Michaela Mayländer, Stuttgart, www.sistermic.de
Satz: red.sign, Stuttgart: Susanne Junker
Reproduktion: timeRay Visualisierungen, Jettingen
Druck und Bindung: Firmengruppe APPL, aprinta Druck, Wemding
Printed in Germany

ISBN 978-3-8186-0816-3

Hier können Sie weiterlesen.

Craft-Bier einfach selber brauen. Brew it yourself.
Ferdinand Laudage. 2017. 128 S., 64 Farbfotos, Spiralbindung.
ISBN 978-3-8186-0005-1.

Diese Brauanleitung zeigt dir, wie du ganz einfach und unkompliziert dein erstes, eigenes, süffiges Pale Ale brauen kannst. Schritt für Schritt führt sie dich durch alle Vorbereitungen und deinen ersten Brautag bis zum fertigen Bier. Dann kannst du kreativ werden: Mit den Basics über Zutaten und Brauprozess kannst du dein Lieblingsbier entwickeln und 10 weitere Rezepte für verschiedene Bierstile ausprobieren und variieren. Mit Checklisten, Tipps und Schritt-für-Schritt-Anleitungen. Kompakt, praktisch, kreativ.

Für fortgeschrittene Brauer.

Noch mehr Craft-Bier selber brauen. Optimieren, variieren, experimentieren. Ferdinand Laudage. 2018. 192 S., 100 Farbfotos, Spiralbindung. ISBN 978-3-8186-0536-0.

Deine ersten Brautage hast du erfolgreich hinter dich gebracht und den einfachsten Weg zum ersten eigenen Craft-Bier gemeistert? Ferdinand Laudage beantwortet die häufigsten Heimbrauerfragen: Welche Varianten von Equipment, Zutaten und Raststufen sind zu empfehlen? Was lerne ich aus Fehlern? Wie kann ich mein eigenes Rezept entwickeln? Und wie setze ich mein Bier optimal in Szene? Außerdem erwarten dich 10 zusätzlich erprobte Craft-Bier-Rezepte, Tipps zur Treberverwertung und informative Gastbeiträge von Experten aus der Craft-Bier-Welt. Kompakt und immer nach dem Motto „Keep it simple“ begleitet dich das Buch auf dem Weg zum fortgeschrittenen Heimbrauer.